命に過ぎたる愛なし

女の子のための
恋愛相談

ものすごい愛

内外出版社

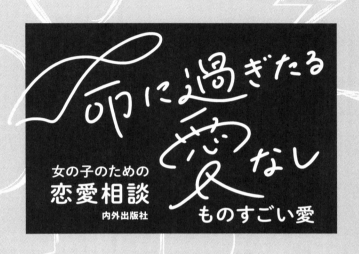

はじめに

わたしは、かれこれ10年ほど、ツイッターをやっています。その日の出来事や日頃から思っていることをただ書き留めるだけの、日常の備忘録といえるもの。

それでも、〝継続は力なり〟なのか、気がつけばわたしのツイッターを見てくださる人たちは増えていき、そのうちに多くの人たちから恋愛相談が送られてくるようになりました。そのたびに、わたしは「いやいや、恋愛相談を募集したことなんて、一度もないんだけど!?」「みんな、めちゃくちゃ悩んでるな!?」と驚きました。

が、元々わたしはかなりの楽観主義者。「生きていればこういうこともあるよね」「そのうちなんとかなるでしょ」の精神で生きてきたので、もしかしたら、そういう人間に強く背中を押してもらいたい、「大丈夫！　なんとかなるよ！」と明るく笑い飛ばしてもらいたい、という気持ちを抱く人もいるのかもなぁと思うようになりました。

そんな中、恋愛メディア『AM《アム》』の編集部からコラムを連載しないかというお誘いをいただいたのです。恋愛経験が豊富ではなく、過去の恋愛で失敗ばかりだったわたしに恋愛のイロハなど語れるのだろうか……という不安がありました。当然、男性を落とすテクニック、モテ女になれる秘訣、恋愛を上手くいかせるコツなんてものも書けません。

しかし、先にも書いたような自分の悩みを誰かに聞いてもらいたい女の子たち、同じような悩みを持つ女の子たちが一歩踏み出すための力になれたらと思い、連載を始めました。

　タイトルは『命に過ぎたる愛なし』。「命に過ぎたる宝なし」をひねったものですが、ほんとうに、ほんとうに、その通りだと思うのです。生きていたら、いろいろなことが起こります。でも、生きていれば、命さえあれば、どうとでもなるはずです。

　本書は、そんな連載の原稿をあらためて見直し加筆したものに、10本の書き下ろしを加えてまとめた一冊です。

　わたしが恋愛相談に答えるとき、一番に掲げているテーマは「自分で自分をハッピーにしていこう」。これは、わたしの人生においての揺るぎないテーマでもあり、みなさんに伝えたいことでもあります。

　また、わたしは相談者のみなさんを、大切な友達だと思って答えています。友達の意見やアドバイスは、全て正しいとは限りません。中には腹の立つ言葉や、何もわかっていないと思うこともあるかもしれません。それでも、数百文字に込められた悩みから、できる限り情報を読み取り、想像力を目いっぱい働かせ、自分の過去を振り返って、客観的意見と伝えたい言葉、そしてわたしが持っている愛の全てを尽くして答えました。

　この本の中から、一文でも、一言でも、みなさんが今よりハッピーになるための言葉を見つけていただけたら、うれしいです。

　どうか、最後までお付き合いください。

目次

第3章 Q. 道ならぬ恋 085

第4章 Q. 恋人との関係 119

第1章

恋愛以前

Q.1 彼氏がいたことがありません。恋愛はしなきゃいけないもの？

22年間、誰ともお付き合いをしたことがありません。手を繋いだことも、キスも、その先も経験ありません。誰かを真剣に好きになったことも、ないと思います。友達や家族、仕事仲間は、とってもとってもとっても大好きで大切です。誰かを大事にする、思いやる、大好きになるということはあるのですが、なぜか彼氏や好きな人（私の場合は好きになりそうな人）には、このような気持ちになれないのです。まだ本気で好きになれる異性と出会えていないだけなのでしょうか？周りは色恋沙汰に多感な中、私は何もないです。周りに引かれそうなので、嘘をついて元彼がいたなんて話していますが、正直、嘘をつくのも面倒くさいですし、しょうもないなって思っています（笑）。

世の中、「恋愛、恋愛」って彼氏がいないとダメなのかー！　とたまに愚痴っぽく考えることもあるのですが、こういう人のことを客観的にどう感じますか？多少の無理をしてでも、自分を変えていくべきでしょうか？（22歳、女性）

A.

えっ、彼氏がいなくても、恋愛に興味がなくても、別によくない……？
何がダメなの……？

「客観的にどう感じますか？」と聞かれているので、わたしがあなたの友達だったらという前提で答えますが、「わたし、今まで誰とも付き合ったことがないんだよね」と言われても、「へーそうなんだ」としか思わないですし、「へーそうなんだ」と言うだけだと思います。「一度も彼氏がいたことがないなんて変なの！」とか、「恋愛ってめちゃくちゃいいから絶対にしたほうがいいよ！」とは、１ミリも思いませんし、言いません。

わたしは、わたしの大切な友人たちが自分自身でそれでいい・それがいいと思って、毎日を楽しく過ごせているのなら、何も言いたいことはないですし、「ずっとわたしと仲よくしてくれよな！　だってあなたと一緒にいると楽しいし！」という気持ちを持ち続けながら、いつも通りに接するだけです。

恋愛は国民の義務じゃない

ところで、「国民の三大義務」を覚えていますか？
国民の三大義務とは、「教育の義務」「勤労の義務」「納税の義務」で、恋愛の義務なんてものはありません。だから、恋愛はしたい人がすればいいだけのこと。別に恋愛をしたいと思っていない・恋愛をしたくないと思っているのなら、無理にしなくてもいいのであって、それに対して他人があれこれ言うのは筋違いです。

「最近の若者は恋愛に奥手でダメだ！」だの「日本の少子化にストップをかけるために結婚しろ！」だの「ＬＧＢＴｓを認めるとは何事だ！」だの、アホみたいなことを言っている人たちがチラホラいますが、「自分の価値観を他人に押し付けるな‼ 脳みそを時代の変化に合わせて柔軟にアップデートしろ‼」と、わたしは声を大にして言いたい。

10代から20代前半の間に初めての恋人ができて上手くいかずに別れてしまっても、そこから新しい恋愛を始めて何人かとお付き合いをして、20代後半から30代前半の間に結婚して、子供を二人くらい産んで……なんてイメージがあるかもしれませんが、それはそういう人が多いと感じるだけで絶対的な決まりではなく、自分や自分以外の誰かががたとえそうではなかったとしても、卑下したり見下したりしてはいけません。

誰を好きになろうが、その相手が異性だろうが同性だろうが二次元だろうが無機物だろうが、誰に対しても恋愛感情を抱かなかろうが、結婚しようがしまいが、子供を持とうが持つまいが、個人の自由です。自分以外の人間の人生に口を出していいわけがなく、勝手に評価するものでも比べるものでもない。

だから、他人に倣《なら》う必要はないんですよ。納得していないのに同調圧力に屈してしまっては、息苦しさを感じて、せっかくの人生を楽しめなくなるのではないでしょうか。

世界平和は大切です

ちょっと壮大な話になりますが、世界平和ってめちゃくちゃ大事だと思うんですよね。でも、世界ってわたしたちが思い描いているよりもずっとずっと広くて、きっと隅々まで想像を及ばせることは難しい。目に見えない、耳に入ってこない部分に対して、能動的に知ろうとする姿勢はもちろん大切ですけどね。

しかし、それは目の前にある自分の世界を蔑《ないがし》ろにしてまでするべきことではないですし、片手間で上手にそつなくこなせるようなことでもありません。

今のあなたの世界には、家族と友達と仕事仲間が存在して、その中心にあなたがいます。もしかしたら、趣味や好きなものなど、何か楽しみもあるかもしれないですね。相談文から読み取る限り、あなたはすでに自分の手の届く範囲にいる人やあるものを精いっぱい大切にできて、十分に幸せを感じられているように思いました。それってもう、あなたの世界が平和だということではないでしょうか。

「恋人がいなくても好きな人がいなくても毎日が充実しているけれど、他人と比べたときに恋愛していないのはおかしい気がするから、無理にでも自分を変えたい……」と思っているのだとしたら、そんなことはしなくていいと思います。自分を他人と比べてしまい、他人からどう思われるかを原動力として、自分の意志とは別のものに振り回され、自分を無理に変える努力をしても、あなたの世界の平和には繋がりません。

自分を変える努力というのは、自分の幸せのために、自分の大切な人やものを守るためにすること。あなたが自分で考えて、自分の人生に恋愛が必要だと思ったとき、幸せになるために恋愛をしたいと感じたときに、初めて恋愛をすればいいのです。

これから先、もしもあなたが恋愛を始めようと立ち上がったときや恋愛で派手に転んでしまったとき、今のあなたが大切にしている家族と友達と仕事仲間は、必ずあなたを助けてくれる存在となるでしょう。

恋愛したくなったときが恋愛しどき

現在22歳ということは、あと50年以上は人生が続きますよね。

今後は、学生のときと違って、自分の置かれる環境を自分の意志で選べるようになっていきますし、多種多様な人たちと知り合い、縁の紡ぎ方や断ち方を学んでいきます。その中で、視野が広がって選択肢も増え、世界がガラリと変わり、それに伴って考え方や捉え方がものすごいスピードで変わっていくのも、至極当然のこと。

想像したら、なんだかとってもわくわくしてきませんか？

自分がどうしたいのか、どういう自分が一番幸せなのか、どうしたら人生が楽しくなっていくのか、わくわくしながら、その都度考えていけばいいのではないでしょうか。

前もって将来について考えておくことや、人生のプランを立ててそれに向かって行動することは、生きていく上で必要です。たとえば、将来的に起業したいから今の職場で勉強して様々なスキルを身につけておくとか、30歳になったら北欧をひとり旅したいから貯金を頑張るとか。これらの出発点は「自分がやりたい」という気持ちのはず。恋愛においても同じスタンスでいいのです。

仕事はやめたくなったときがやめどき、家電は買い換えたくなったときが買い換えどき、髪は切りたくなったときが切りどき、恋愛はしたくなったときが始めどき。義務ではない恋愛は、恋愛をしたいときにすればいいのです。

自分の手の届く範囲で、とびっきりの世界平和を目指していきましょうね。

Q.2 自分に自信がなくて恋愛できません。どうしたら、私は恋愛できるでしょう？

私は20代前半の女です。いわゆる「喪女《もじょ》」で、今まで一度もモテたことがありません。付き合ったり、告白したりされたりということも一切なく、人を好きになったこともありません。誰かと付き合いたいという気持ちはありますが、顔は平均以下でコンプレックスまみれ、性格も暗いため、自信がありません。傷つくのが怖い、変わるのが怖い、自分がかわいくてしょうがないのだと思います。

でも、親のためにも、いつか結婚して子供を産んで幸せになった姿を見せたいと思っています。だから、まずはどうにかして恋愛をしたいのです。

どうすれば、私は恋愛できるのでしょうか。この甘ったれは、どうすれば直るのでしょうか。（20代前半、女性）

A.

あらぁ～聞こえてきますね、遥か遠くから不穏な響きが……。

これはまさしく、自信がない・傷つきたくない・こんなわたしなんて恋愛できない、の「ネガティブ三重奏」でしょう。そんなにジメジメジメジメしていると、心にも体にもカビとキノコが生えてしまいますよ!!　そんなの嫌でしょう!?

さて、大前提として確認しておきたいのですが、ほんとうに恋愛をしたいですか？それは〝自分のため〟？　それとも〝親のため〟？　あなたが〝自分のため〟に恋愛をしたいということでしたら、わたしは「よし！　存分に頑張れ！」と心からのエールを送ります。しかし、〝親のため〟に恋愛をしたい……というよりも、しなくては、と思っているのであれば、「まあ、とりあえずここに座って、ちょっと落ち着いて話でもしましょうか」となるわけです。

前の相談でも言いましたが、恋愛なんてね、自分がしたくなかったら別にしなくてもいいんですよ。ましてや、自分以外の誰かのためにするものでもありません。しつこいようですが、あらためて言わせていただきます。恋愛は義務じゃないんだよ。

どうせなら「楽しい恋愛」をしよう

ただでさえ大人になると、やりたくもないのにやらなくてはいけないことがたくさん出てきます。

わざわざコンビニに行って公共料金の支払いをするとか、心底行きたくない職場の飲み会に否応なしに付き合わされるとか、恩恵を受けているのかどうかをあまり実感できていない住民税を納めるとか。あーやだやだ、うっとうしいったら、もう！

　自分の意志とは別にやらなくてはいけないことばかりあるのだから、それ以外の時間くらいは自分のしたいことだけをして、ずっと楽しく過ごしていたいじゃないですか？

「恋愛したい！」と思っているのでしたら、とびっきり楽しいものにしたいですよね。

〝楽しい恋愛〟とは、他の誰でもない、自分のためにすることです。誰かに好いてもらえる、絶対的な味方ができる、自分では気づいていなかったかわいい部分を見つけてもらえる、思いがけない幸せを与えてもらえる……、これらはどれも〝自分のため〟に恋愛をしたからこそ得られるものです。

　義務ではないはずの恋愛で、ただのひとつも楽しいことがなかったら、なんの意味もない。だから〝親のため〟だと義務感に駆られて恋愛をする必要はまったくありません。そんなもったいない時間を過ごすくらいなら、有休を使って日本全国津々浦々まで好きなアイドルを追っかけていって、喉がぶっ壊れるまでキャーキャーしたり、好きなアニメのキャラクターの公式グッズにボーナスをつぎ込んで、それに囲まれてホクホクしているほうが、よっぽど充実した時間を過ごせるし心も満たされるってもんですよ。

傷つくことは避けられない

そして当たり前のことですが、〝自分のため〟に恋愛をしたからといって、傷つかないわけではないのです。

自分の気持ちを素直に伝えられなくて悔しい思いをしたり、相手が何を考えているのかわからなくて不安になったり、ある日、突然に信頼関係が崩れたり、取り返しのつかない失敗をしてしまったりなど、傷つく理由はいくらでもあります。

だって、登場人物は価値観が違う他人同士、全員が人生一回目の初心者、何事も手探り状態の中で試行錯誤しながら生きているのですから。それに当人同士がいくら努力をしたとしても、突然乱入して場を引っ掻き回す輩だっているかもしれないのです。

だからこそ、ほんとうに恋愛をしたいなら、今のうちに傷つく経験をしておきましょう。何年後、何十年後ではなく、恋愛をしたいと思った今、絶対にしておくべきだと思います。どうやったら傷は治るのか、傷が治るにはどれくらいの時間がかかるのか、傷ついた自分を心配して助けてくれる人は誰なのか、どの程度の傷ならへこたれないのか。

それらを知っておけば、ガチの致命傷は避けられるし、いざというときの踏ん張りもきくようになるはずです。

幸せは数珠繋ぎになっている

「できることなら傷つきたくない」

「いくら傷ついたときの対処法を知っていたところで、怖いものは怖い」

そりゃそうだ。だったら、なおさら自信のなさをひけらかすべきではないのです。そんなの「わたしの弱点はここでーす！　どうぞ思い切り攻撃してくださーい！」とバラしているようなもの。

傷つきたくないくせに、自らの言葉で自分を傷つけて、コンプレックスに押しつぶされそうになってどうするんですか！

「自分はブスだ」としょっちゅう口に出していれば思い込みに引っ張られてますます苦しくなっていきますし、「自分は暗い」と思い続けたら暗い気持ちからずっと抜け出せなくなってしまいます。「わたしなんて……」から始まるセリフばかりだと、自分自身の価値は下がる一方です。

凝り固まった主観に取り憑かれないように、自分自身に解けない呪いをかけないように、好きになるまでいかずとも「これが自分自身なんだ」とただ受け入れる。それだけで、あなたの心は少しずつ晴れやかになってくるはずですから。

幸せってね、数珠繋《じゅず》ぎになっているんですよ。

だから、ひとつずつ順番にやっていけばいい。

まずは自分自身を受け入れること。

そうすれば自分の好きな部分が増え、少しずつ自信がついていきます。自信がつけば、傷つく回数はだんだんと減っていき、たとえ傷ついたとしてもすぐに立ち上がれるようになっていくのです。

傷つくことへの恐怖が薄れていけば、今はまだそんな気になれなくても、いつか「よし！　いっちょ恋愛でもしてみるか！」と力のみなぎる瞬間がきっとくるはずです。

そのときは、ぜひ〝自分のため〟に恋愛をしてほしいと思います。

自分で考えて、自分で行動して、たとえ失敗しても自分で決めたことだから、全ての責任を自分で取れる。これこそ、大人の醍醐味。最高の娯楽です。

Q.3 理想が高すぎて恋愛も結婚もできません。現実逃避してばかりの私に喝を！

私は今年32歳になる独身・彼氏なし・実家暮らしの女性です。このままでは嫁の貰い手がないと思い、婚活を始めました。食事に行った方も何人かいるのですが、友達としては楽しいけど、恋愛には発展しないといった感じばかりです。次の約束も面倒くさくて、自分の時間がなくなるのも嫌だなと思ってしまいます。何様やねん、という状態です。

一番の原因は、私の理想の高さだと自覚しています。中身が大事なことは承知していますが、私の理想は背が高く、色が白くて、細身でオシャレな方です。そんな方はすでに結婚されているか、彼女がいるなどして相手にされません。

だから、そんな理想的なタイプのミュージシャンのライブに行って現実逃避したり、友達とランチをしてひたすらしゃべったりする休日を過ごしているのですが、拗《こじ》らせつつあるどうしようもないおばさんになっているので、現実を受け入れられるように喝を入れていただきたいです。（31歳、女性）

A.

背が高くて色白で細身のオシャレな男性か〜!!

わかる！　わかるよ！　素敵だよね！　わたしも大好きだよ!!

むしろ嫌いな人なんてこの世にいないいんじゃない!?　と思っています。

でもね、残念なことにそれだけじゃあごはんは食べられないし、生活は成り立たないし、幸せにはなれないいんですよね!!

理想があるのは悪くないけど

理想があるのは仕方のないこと。きっと誰しもがそうでしょう。理想を抱くな！　なんて厳しいことは言いません。

しかし、少々ご都合主義すぎやしませんか……？

もちろん、顔よし・スタイルよし・収入よし・センスよし・性格よしの男性と結婚している女性は、一握りであれども存在します。しかし、そういった女性は、大人になって自分が望んだ瞬間に、理想通りの男性が突然目の前に現れて、何もしていないのにめちゃくちゃ愛されて、気づいたときには向こうが勝手に自分のことを幸せにしてくれていた、なんて人たちばかりではありません。

少なくとも、理想の男性と出会える環境に身を置き、好意を抱いてもらえるように外見も内面も磨き、時間とお金を費やしている。要するに必要なプロセスを踏み、その都度努力を惜しまなかった結果として、自分の理想を叶えているわけです。

だから、「自分の時間がなくなるのが嫌！」「でも理想の相手と結婚したい！」というのは、ちょっとワガママなように感じます。

自己評価が低すぎるのもクソみたいな男性が寄ってきやすいので考えものですが、譲ることを知らず、自分の価値を無条件に高めすぎて雁字搦《がんじがら》めになってしまうのもいかがなものかと思います。自分の時間や労力は惜しんでいるくせに欲しがってばかりいては、お望みのものが手に入るはずがありません。

ただ、あなたに知っておいてほしいのは、仕事で出世していいお給料をもらって裕福に暮らしたり、自分の理想とする男性と結婚して子供を産み育てたりすることは、必ずしもイコール幸せではないということ。仕事をそこそこでセーブし、恋愛を小休止して、好きなミュージシャンのライブに行ったり、同じような境遇の友達と遊んだり、という過ごし方もいいと思います。

あなた自身が毎日充実していて満足だと感じているのなら、それはとても幸せなことですし、周りがとやかく言うことではないですからね。

人には人の人生がある

でも、周りの人たちの人生はあなたの知らないところで確実に回っているということを忘れないでください。

今は好きなミュージシャンが積極的に活動していて、ファンとして忙しくも楽しい毎日を過ごしていたとしても、もしかしたら再来年あたりに解散してしまうかもしれない、あなたが老後の生活を送る頃にはもう新曲を出していないかもしれない。

今は友達とランチのときに「結婚とか恋愛とか別にいいや～友達と遊んでいるほうが気楽だし」「わかる～！　独身同盟を組んで、還暦を過ぎたらみんなで中古マンションでも買ってルームシェアしようよ」「もうさ、この際、お墓も一緒のところに入っちゃわない？」なんて盛り上がっていたとしても、もしかしたらその友達はこっそり婚活をしていて近々彼氏ができてしまうかもしれない、親のすすめでお見合いをしてサッと結婚してしまうかもしれない。

そうなったときに、〝裏切られた〟〝置いて行かれた〟と思ってはいけないのです。

あなたにはあなたの人生があるのと同じように、他人には他人の人生があります。だから、時間とともに柔軟に対応できるように、自らの意志で行動しなくてはいけません。

ひとりだけ取り残されたような気分になりたくないのなら、あなたも自分の人生を進める準備をしておくことをおすすめします。

〝人を好きになるセンス〟を磨こう

独り身が長いと、自分の時間がなくなるのが嫌だという気持ちはわかりますが、それは相手だって同じこと。次の約束が億劫なのも同じで、あなただけが感じていることではありません。

あなたが色白で背が高くて細身のイケメンが好きだというのなら、相手だって背が小さくて華奢《きゃしゃ》でふわふわした、若くてかわいい女の子が好きかもしれない。

恋愛も結婚も相手ありきのもの。〝自分は〟ばかりでは上手くいきっこないのです。自分にも理想があるのと同じように相手にだって理想があり、自分が感じたことは相手も同じように感じている可能性が大いにあります。

それを自覚した上で、ぜひとも〝人を好きになるセンス〟を磨きましょう。

〝人を好きになるセンス〟とは、惚れっぽくて妄想の世界で生きるという意味ではありません。人の長所をたくさん見つけ、短所に対しても前向きな理解ができ、その人自身の魅力を自分の中でどんどん広げていけることです。

なかなか人を好きになれないと悩んでいる人は、案外たくさんいます。

仕事が忙しくて時間がない、異性と出会う機会がないなどの理由も考えられますが、これらは外因的なもの。こういう人たちは〝人を好きになるセンス〟を磨かなくても、環境を変えて時間を作って生活に余裕ができればわりと解決しやすいのです。

しかし、あなたがなかなか人を好きになれない理由は、理想が高いというあなた自身の内因的なものですよね。理想を高く掲げすぎて他を疎《おろそ》かにしているせいで、感情が動くきっかけになるはずの、相手の長所や短所にほとんど気づけていないと感じました。

相手とのコミュニケーションを

惰性による上辺だけのサラッとした会話では、相手の外見の良し悪ししか目に入らないのは当然です。目に見える部分だけが理想通りの相手と運よく付き合えて結婚できたとしても、そういう関係はとても脆《もろ》く、些細なことでいとも簡単に破綻《はたん》してしまいます。

そうならないよう、あなたが〝人を好きになるセンス〟を磨くためにすべきことは、相手とコミュニケーションをとることではないでしょうか。

まずは面倒だと思わずに、相手の話を聞き、質問し、話を広げ、ちょっとでも興味が持てそうなことを深掘りしていく。そうすれば、相手の容姿だけでなく、魅力的な部分がたくさん見えるようになります。

もちろん、すぐに好きになれる人や結婚したいと思える相手が見つかるという保証はありませんし、最初のうちは失敗や無駄だと感じることもあるかもしれませんが、何事も積み重ねが大事。面倒くさがらずにコミュニケーションを繰り返していくうちに、気づくことは増えていきます。

あなたを幸せにするのは、あなた自身です。

目だけでなく、耳と口と思考と感情を養い、柔軟に世界を広げていくことが、他人の魅力に誰よりも早く気づくための一番シンプルな方法です。

もしかしたら「耳が痛い！」「現実を突きつけないで！」と思われたかもしれません。でも、現実をしっかりと直視して受け入れてから、ほんとうの楽しさが始まるのではないでしょうか。

Q.4 驚くほど男運がないのはブスだから？ひどい男とばかり付き合ってきました

私には驚くほど男運がありません。昔付き合った男性には別れた後に連絡先を流されたり、友達のつもりで会った男性は体目当てだったりと、とにかく散々です。正直、私はブスだと思います。特に秀でたところもないので高望みをするつもりはありませんが、ことごとく特殊な男性ばかりに出会うので辟易しています。また、そういう方を事前に察知して拒絶できない自分にもうんざりします。自己肯定感が低いので、まさか自分に対してそういう感情を向けてくるなどとは夢にも思わないですし、たとえ少しあやしくても「仲よくしたいだけかも！」などとポジティブに考えようと要らない努力をしてしまうのです。

自分でいうのはなんですが、フレンドリーで明るくやさしいタイプだと思います。そうなれるよう数年かけて一生懸命に変えました。頑張って変わったからには誠実な方に好かれたいものです。だけど、顔が伴っていなければ、その程度の方にしか好かれないのでしょうか。どうしたらいいのでしょう。（20歳、女性）

A. コラァー!!　そうやって、自分のことをブスって言うのをやめなさい!!

言葉には力があり、それは思考や行動に反映され、ときに結果を左右することになります。いわゆる〝言霊《ことだま》〟というやつですね。

「絶対に大丈夫」と言っていればほんとうに大丈夫になる、「なんとかなる」と言っていればほんとうになんとかなる、と一緒です。

自分のことを「ブスブスブスブスブスブスブス」と言っていたら、「自分は満場一致のブスなんだ」とネガティブ思考に陥り、それに引きずられるように発言や行動がだんだんとブスになっていき、自他ともに「ブスのブスたる所以の生き方しかできない、ほんとうに救いようのないブス」という認識になってしまいます。

自ら進んでブスの渦に飲み込まれようとしてどうする!!

コンプレックスを理解すること

ちなみにですが、わたしは顔面の偏差値が高くありません。

承認欲求が爆発して自撮りをＳＮＳに投稿しようものなら「ブスのくせに調子に乗ってんじゃねぇよ」とボコボコに叩かれるくらいにはブスだし、夫の親族や友人と会ったときに「かわいい嫁さんを捕まえたじゃねぇか、コノヤロー！」となんとかお世辞を言ってもらえる程度にはかわいい。

学生時代、合コンの幹事をしたときに、「たいていの女の子は合コンのときに自分よりブスを連れてくるけど、君はそんなことないんだね！」とキラキラした目で相手の男性から言われた思い出話をすれば、想像しやすいのではないでしょうか。

わたしだって「新垣結衣さんや吉岡里帆さんの容姿に生まれたかったな〜」と思ったことはありますし、街で美しい人を見かけると「いいな〜美女の周りの空気はとっても澄んでいてきれいなんだろうな〜羨ましいな〜」という憧れの感情は抱きます。

でも、だからといって、一般的に賞賛されているような美女に比べて、自分が不幸だと思ったことは一度もありません。外見の美醜とは関係なく、人にはそれぞれの苦労や幸せがあって、もちろん幸せになる方法も異なり、それらは人と比べるものではないとわたしは思います。

「あの人は美人だから苦労していないに決まっている」「わたしはブスだから幸せになれっこない」「美人に生まれたらもっと人生がラクだった」などと決めつけず、自分のコンプレックスを深く理解し、生きやすくなるような工夫を、自分なりに見つけるべきではないでしょうか。

「わたしはかわいい」と魔法をかけて

冒頭で「自分のことをブスブス言っていたら、ほんとうに救いようのないブスになるぞ！」と忠告させていただきましたが、「わたしなんてブスだから～」というセリフは謙遜でもなんでもない、ただの呪いです。それを唱え続けていれば、あなたにとっても周りの人にとっても、あなたの価値を下げることに繋がってしまうのです。

セックス目的の男ばかりが近づいてくること、別れた元彼に都合よく扱われることは、決してあなたがブスだからではありません。

それは、あなたが〝わたしなんてどうせブス〟だと思い込んでいるから。

嗅覚の鋭い男性が「全然ブスじゃないのに自分のことをブスだと思い込んでいるから、ちょこーっと褒めて自尊心をくすぐったら簡単にヤらせてくれそうだな～」と、あなたの弱点を察知して近づいてきているのです。

そうならないためにはまず、自分のことをブスだと言わないこと。そして周りの人に「かわいいね」と言われたら「そんなことない……わたしなんてブスだよ……」と自分を卑下せず、「えー！　ありがとう！　かわいくなりたくてめちゃくちゃ頑張っているからうれしい！」とそのまま受け取ること。この二つは大前提です。

その上で、コンプレックスがあるのなら、毎日清潔にして髪と服装を整え、自分の顔立ちに合ったメイクを覚えて、自分がなりたい姿を目指すこと。美女をやっかんで重箱の隅をつつくような陰口を言わないこと。心無い人間にブスだと言われても「だから？それがあなたになんの関係があるんですか？」と背筋を伸ばして突っぱねること。

これらを心がけていくうちに、あなたはブスの呪縛から徐々に解放されるはずです。「自分はブス」だと呪いをかけるのではなく、「わたしは世間一般でいったら美女ではないかもしれないけれど、周りに非難されるほどブスじゃないし、なんだったらかわいいって言ってくれる人も少なからずいる！　かわいくなりたいと思って努力している部分が何よりもかわいいんだよ！」と魔法をかけてあげてほしいと思います。

年齢とともに内面は外見に反映される

見た目は、年齢を重ねると必ず衰えます。どんなにお金と時間をかけて努力しても、年をとれば10代の頃よりは肌のハリも悪くなるし、シワも増えるし、代謝が落ちて痩せにくくもなる。これらは避けられないことです。

でも、生まれ持った物理的な美しさが衰えていくのに比例して、心の在り方や経験はどんどん見た目に反映されていきます。

たとえば、卑屈なことばかり言っている人の口角は下がり、機嫌がずっと悪い人は眉間にシワが深く刻まれて目がつり上がり、ネガティブなことばかり考えている人は顔色が悪くなります。どんなに濃いメイクを施したところで決して隠せない、相手に伝わってしまう部分です。反対に、いつも笑顔を心がけていた人にはやさしい笑いジワができ、自分を卑下せず前を向いてきた人の背筋はピンと伸び、いつでも他人を慮《おもんぱか》る気持ちを持ち続けた人には穏やかな表情や柔らかい雰囲気が現れ、周りの人たちを惹きつけるようになるでしょう。

つまり、あなたの〝フレンドリーで明るいところ〟や〝そうであろうと努力し続けている姿勢〟は、きちんと見た目に反映されるようになります。見た目は、偶然や先祖代々受け継がれてきた遺伝子だけで決まるのではなく、内面や培ってきた経験、日々の心がけも関係しているということを忘れないでください。

人を見る目も養われていくはず

あなたはまだ20歳です。きっと、人を見る目も十分には養われていないでしょう。

誰しも、いろいろな人と出会って、自分をさらけ出して、大きい失敗をして、恥ずかしい思いをして、たくさん傷ついて、徐々に学んでいくのです。

何度も泣いて、自分の行いを反省して、同じ過ちを繰り返さないように気をつけていても、ときにはまた同じ過ちを犯してしまうことだってあります。

人を見る目というのは、そうやって少しずつ養われていくもの。あなたは今、その過程にいて、必死にもがいている真最中です。

きっと、そのうちに「外見がかわいい」という視覚情報だけでなく、かわいくなるために努力している姿勢や自分のコンプレックスと戦う強さなど、その奥にある魅力を感じ取ってくれるような人に出会えます。最初から、誠実な心で見た目も中身も愛してくれる男性と出会えなくても当たり前。だから、どうか投げ出さないで。負ってしまった自分の傷から、たくさんのことを学んでください。

〝わたしなんてどうせブス〟という呪いを解くことはとても大変なこと。でも自尊心を傷つけられ、息苦しくて靄《もや》がかかった状態のまま過ごし続けるよりは、ずっとずっと明るい未来が待っています。

Q.5 いつも恋愛で頑張りすぎてしまう。自分の気持ちに正直になるには？

以前の恋愛を振り返ると「自分は頑張りすぎていたのかな？」と思うことがあります。彼の好きな音楽を自分に合わなくても好きになろうとしたり、そんなに頻繁に会わなくてもいいと思っていても「早く会いたい！」と言ったり。

今思えば、どうすれば相手が喜ぶかを考えすぎていました。彼氏がいたときの自分は常に疲れていたのですが、無意識のうちに彼に合わせすぎていたのが原因だと思います。別れたあとは自分の行動を痛々しく思ったりもするのですが、特に恋愛中は自分の気持ちに気づかないことが多い気がします。

今後は自分の気持ちも大切にしたいのですが、自分がどう思っているかに気づくのが難しく、相手への思いやりとのバランスにも悩みます。たとえば、彼の好きなものについて「私は好きではないけど、好きな理由もわかる」という意味で「いいね」と言ってきましたが、「好きではない」と言ってもいいのでしょうか。どうしたら彼に配慮しつつ、自分の気持ちに正直にいられますか？（20歳、女性）

A.

無理ばかりをしてしまうのは……よくないですね。
彼氏がいたときは常に疲れを感じていたようですし、それがずっと続いてしまうと、だんだんと楽しさを感じられなくなり、我慢の限界がくるのは目に見えています。

優先するのではなく尊重する

恋愛しているときは、まるで脳から麻薬のようなものがバッシャバシャと出ているような状態です。だから、自分でも気づかぬうちに普段とは違う行動を取ってしまったり、本来なら「よし」としないことに納得してしまったり、「彼のことが好き」「彼に好かれたい」という気持ちに隠れて、自分の〝ほんとうの気持ち〟が見えにくくなってしまいがちです。でも、そんなのは当たり前のことですから、気にしなくて大丈夫。

恐らくあなたは、とてもやさしくて気遣いのできる人なのだと思います。そのやさしさや気遣いを、相手だけでなく、自分にも向けてみてはいかがでしょうか。

無理をしていたという事実を紐解いていくと、恐らくあなたは本来の自分の感情に蓋をして、彼の感情や要望を〝優先〟していたのではないかと推測します。

〝優先する〟とは、他に先んずること、他を差し置いて先に扱うことです。そうではなく、自分のことも、相手のことも、大切なものとして扱うという意味の〝尊重する〟やり方を覚えていきましょう。

相談文の中には、そんなに頻繁に会わなくてもいいと思っているのに会いたいと言ってしまうこと、彼の好きなものに対して別にいいと思っていないのにいいねと反応してしまうことの二つが挙げられていましたね。それについて、今回は順を追ってお互いを〝尊重する〟方法を示していきます。

会えないときはそう言えばいい

まず、そんなに頻繁に会わなくてもいいのに、つい会いたいと言ってしまうことについて。先にもお話ししましたが、付き合う前や付き合いたての頃は、自分の体と心の疲労に気づきにくいものです。なぜなら、「相手のことが好き！」という感情が頭と心のキャパシティーの多くを占めて、恋愛を主軸に無茶な生活を送ってしまう傾向にあっても恋のエネルギーにあふれているから、なんだかんだでやっていける。つい他のことが疎かになろうが、別のことに割く時間にしわ寄せがこようが、「相手のことが好き！」という気持ちが目くらましになりがちなのです。

もちろん、「好きだから会いたい！」という感情を原動力にするのは悪いことではありません。そのおかげで新しい関係が築けて、お互いのことを深く知る時間が増えるわけですから。しかし、付き合っている期間が長くなり、それが日常として当たり前になると、なんでもかんでも「好き」という感情だけでは動けなくなってしまいます。

環境はいつだって変化するもので、付き合った当初は順調だった仕事がだんだんと忙しくなって時間に余裕がなくなったり、人間関係で少し心が疲れてしまったり、それによって体調を崩してしまったりなど、イレギュラーなことが起こります。

それを、その都度、〝全部〟言えばいいのです。

言わないのではなく言い方を選ぶ

あなたがすべきことは、相手に気を遣わせないように、相手を傷つけないように〝言わない〟ことではなく、〝言い方を選ぶ〟ことです。

「しょっちゅう会うの、しんどいんだよね」「なんか今日はそんな気分じゃない」と言ってしまっては、相手によくない印象を与えてしまいます。

しかし、「最近、仕事が忙しくて気持ちに余裕がないから、今日は自分の心を整えるのに時間をあてて、次にあなたに会えるときまでに元気を取り戻しておくね」とか「今あなたと会っても心から楽しめないくらい疲れてしまっていて、この状態で会ったとしても気を遣わせてしまうだけで心許《こころもと》ないから、今日は遠慮するね」とか、相手を傷つけない言い方はいくらでもあります。

決して嘘をついているわけではありませんが、伝え方ひとつで余計な不和が生じることを避けられるのです。

環境の変化、自分の心や体の状態を注視して、その都度、自分と相手を思いやった伝え方を繰り返すことで、だんだんとお互いが無理なく過ごせるペースがつかめるようになりますよ。

好きなものは否定しなければいい

次に、彼の好きなものに対して、どういうリアクションを取ったらいいのかについて。あなたがすべきは否定しないこと、このひとつでオッケーです。

彼が「おれ、これが好きなんだよね〜」と言う音楽やアイドル、アニメ、その他の趣味に対して、「いや、どこが？　全然よくないでしょ」とわざわざ否定する必要はありませんし、いいと思ってもいないのに「そうだね！　いいね！」と自分の感性を否定する必要もありません。「へぇ〜そうなんだ。どういうところが好きなの？」と返せばいい。

もしも、彼があなたにも自分と同じものを好きになるように押し付けてきたり、強制してきたりするようだったら「あまりわたしの趣味じゃないんだよね。でも、あなたが好きなものの話をしているのを聞くのは楽しいよ」と言えばいい。

自分は興味がなくても、相手が楽しそうに話していることを聞くのも、コミュニケーションのひとつとしてとっても大切。

恋人だから、夫婦だからといって、全てを共有・共感することが円満の秘訣ではありませんし、そんなのは無理に決まっています。彼の好きなものの話を聞いているうちに、気が向いたり、興味が湧いたりして、少しずつ好きになっていけたらラッキー！　程度に思っておきましょう。

夫婦だって好きなものは違う

そもそも、恋人同士や夫婦で趣味や好きなものがまったく同じなんてことは、めったにないんですよ。

ちなみに、わたしと夫も全ての趣味が完璧に合うわけではありません。中には、話して盛り上がったり一緒に楽しんだりするものもありますが、あくまでも一部です。

たまに夫は自分の好きなものの話をしてくることもあって、わたしは「へぇ～そうなんだ～」「ほう……なるほどね……」なんてテキトーに相槌を打って聞いていますが、正直よくわかっていないことが多いですし、興味をそそられないこともあります。

でも、夫はそれをわかった上で話しているのです。「興味がないのはわかってる、でもとりあえず話したい、もし興味を抱いてくれたらラッキー」という、軽い気持ちです。逆もまた然り。わたしも夫は興味がないであろう話題でも「とりあえず誰かに話したいから聞いてくれ！」という前提で話すことがあります。

好きなものについて、もっと深くて濃い話をしたいのなら、別の機会に自分と同じような趣味の人とガンガン盛り上がればいいだけのことですが、仕入れ立てほやほや、自分の中の好きなものに対する温度がぐんぐん上がっているタイミングで、一旦それを放出したい！　という気持ちになるんですよね。

誰もが「自分の好きなものを好きな人と共有したい」「自分の好きなものを好きになってもらいたい」という考えで話しているわけではないということを、知っておいたほうがいいと思います。

自分を蔑ろにしたら相手にも失礼

そして、どちらにも共通して言えることですが、自分を蔑ろにしてまで相手を優先する行為は、相手への失礼にもなり得ますので、ちょっとだけ注意しましょうね。

あなたがほんとうは会いたくないと思っているのに無理に会うこと、好きでもないのに嘘をついて好きだと言うこと、それは果たして彼を喜ばせる行為でしょうか？

あなたが彼に喜んでもらいたいと思っているように、彼だってあなたに喜んでもらいたいと思っているはず。だから、あなたが疲れていたらゆっくり休んでほしいと思うし、自分に心から会いたいと思ってくれているあなたと会いたい。嘘偽りなくいいねと言ってくれるものを一緒に好きになりたいし、自分の好きなものの話を楽しく聞いてくれるのをうれしいと感じるでしょう。

一旦、自分の立場に置き換えてみて、彼が無理をして自分と会ってくれること、好きじゃないのに嘘で褒めてくれることはほんとうにうれしいのか、考えてみてください。

あなたは自分に正直でいることを、とても難しく考えてしまってはいませんか？

相談文から、「正直に言えば、相手を傷つけちゃうかも」「そもそも、この感情ってちゃんとわたしの本心なの？　途中で変わってしまうのでは？」と気にしているように感じました。

たしかに、最初から自分の本心を明確に理解しようとすることは難しいですし、一過性の感情というものもあります。でもね、そんな風にいちいち難解にして自分を分析しようだなんて面倒なことをしなくても大丈夫。一瞬でも頭をよぎった感情は大事にしていいし、そのときにわからなければ、一旦隅っこに追いやっておいたっていい。疲れているときに一度立ち止まって自分に問いかけて、そこで気づいた感情を丁寧に言葉にすれば、自分の本心の輪郭がクリアになっていきます。

お互いの価値観や感情を、わざわざ否定しなくても、嘘で肯定しなくても、尊重し合える関係は築けます。

そのためにも、正直で丁寧な自分を目指していきましょう。

第2章

片思いと失恋

Q.1

片思いし続けて4年。思い続けるべきか、それとも、やめるべきか？

職場の5歳上の男性に片思いを続けて4年。他の男性からアプローチされても、彼に気持ちが戻ってしまいます。彼は長い間、彼女もいなくて奥手で慎重で消極的なタイプ。だけど、「彼も私のことを気にしてくれているのでは？」と思うことが何度もありました。が、恐らく勘違いだろうとも、片思い特有の舞い上がりだろうとも思っています。私はビビリなので告白できません。どちらかが異動するときまで、きっと。そして私はこれまで男性とお付き合いをしたことがありません。いい歳だし……、正直、自分で恥ずべき部分だと思っています。

仕事を頑張っている自負はあるし、夢中になれる趣味もあり、友達や大事な人もいるので、「叶わない恋なんか、時間の無駄だと振り切れるはず！」と思いながらも、まったくコントロールできません。最近は片思いのつらさよりも、自分の諦めの悪さや年月の経過に驚き、心が参っています。今後も気が済むまで彼を思い続けていいのか、終止符を打つべきか、教えてください。（26歳、女性）

A.

えーっと……4年間、何も行動をしなかった……？　ただの一度も……？
おいおい、忍耐力がやべぇな、修行僧かよ。

まず初めに誤解を解いておきたいのですが、人生で一度も彼氏がいなかったことは恥ずべき部分でもなんでもありません。他人が勝手にベタベタ貼ってくる「彼氏いない歴=年齢の女性=恥ずかしい存在」というレッテルは、力任せに引っぺがしてビリッビリに破り捨てていいもの。そのレッテルを貼りっぱなしにしておくことにメリットはひとつもありません。むしろ、そのままにしていることで、あなたが〝そういう人〟だというイメージが自分にも周りにも植え付けられて、今後ますます身動きが取れなくなってしまいますよ。

それよりも、自分はビビリだからと言い訳して、絶対に告白はできないと決めつけ、常に受け身でウジウジして逃げ回っていることのほうが問題です。

ハッピーエンドは勝手にこない

好きな人には恥ずかしくてアプローチできない、振られることを想像したら告白するのが怖い、逃げ道は用意しておきたい、ただ向こうからアクションを起こしてくれるのを待つだけ。だからといって好きでもない人に好意を寄せられるのは困る、いい人ではあるけれど付き合ってみようとは思わない、だってわたしの好きな人じゃないし。

あーもう!! そんなんじゃあねぇ!!

いつまでたっても彼氏なんてできないよ!!

自分のことを好いてくれる人、最初から好きだったわけではないけれど好きになれるかもしれない人と付き合ってみるのは、決して悪いことではないと思います。

しかし、あなたは相談文の中に「他の男性からアプローチされても、彼に気持ちが戻ってしまいます」と書かれていましたね。もちろん、好きではない人と嫌々付き合う必要はありません。それは相手に対しても、とても不誠実なことですから。

ただ、「好きな人も実は自分のことが好きで、自分が何も言わなくても、何も行動に移さなくても、勝手に世界が回って、自分以外の誰かがいい感じのアクションを起こしてくれて、ライバルに邪魔されず順調に距離が縮まっていった結果、なんやかんや思い通りのハッピーエンドになる」なんてことはあり得ません。ハッピーエンドが確約されている少女漫画や恋愛小説の主人公だって、もうちょい頑張っていますよ。

なんだかネガティブ思考に陥っているようですが、誰かに「彼が好意を寄せてくれているいると思うのは勘違いだ」「あなたが勝手に舞い上がっているだけだ」と言われたんですか？　本人に直接聞いて確かめたんですか？　恐らく、あなたの想像でしょう？

相手の気持ちはその人自身にしかわからないのだから、向こうから言ってくれないのなら自分から聞くしかありません。誰にもわからないことをネガティブに想像して、臆病になってしまうのはとてももったいないことだと、わたしは思います。

ポジティブな妄想を力に変えて

妄想はね、してもいいんです。それがたとえ勘違いだろうが、舞い上がりだろうが、きっと恋愛中はせずにはいられないでしょう。

でも、今あなたがしているのは、ほぼ被害妄想。どうせ妄想するのなら、ポジティブなやつにしましょうよ。

ポジティブな妄想といっても、お花畑に行ったきり現実世界に戻ってこられないような妄想ではありません。それでは、現実の世界では何ひとつ進まないですからね。

恋愛の妄想をする上で大切なのは、実際の行動に繋げること。

「仕事以外でもしょっちゅう話しかけてくるし、ほんとうはわたしと二人きりでゆっくり話したいのかな……？」「他の人と比べてわたしといるときのほうが、彼は楽しそうにしゃべっている気がする……！　もしかしてわたしのこと好きなのかも……？」と妄想が始まったとき、そこで終わらせてしまうのではなく、「それなら、わたしからデートに誘ってみようかな！」「彼がどう思っているのか聞いてみよっと！」といった風に、ポジティブな妄想を現実で行動するためのきっかけとして有効活用しましょう。

ポジティブな妄想と現実の世界を行ったり来たりした先にこそ、ハッピーエンドが待っているのです。

〝頑張った自分〟は未来の武器になる

あなたの中で今後の選択肢としてあるのは、「このまま何もせずにずっと思い続ける」「このまま何もせずに諦めて4年間の片思いに終止符を打つ」、この二つですよね。

どちらを選んでも、なんだかつらそうな気がしませんか？

それは両方とも〝何もしない〟が前提になっているからです。どんな状況でも、ずっと同じ場所で長い時間、身動きひとつ取らなければ、窮屈で息苦しいに決まっています。片思いを続けたっていい、諦めたっていい、どうするかはあなた本人の自由です。ただし、何もせずに下した決断には後悔がずっと付きまといます。その後悔は、やるだけやった結果の後悔よりも、消化不良で気持ちの悪いものです。

たしかに、自分の気持ちを伝えるのには勇気が必要です。上手くいくという保証だってありません。でも、もしかしたら上手くいく可能性だってあるんですよ。それは、あなたが何もせず待ち続けていたら、きっと来ることのない未来です。

とりあえず、〝何もしない〟から一歩踏み出してみませんか？　たった一歩でいいんです。その一歩は、美しい姿勢から繰り出される大きな一歩である必要はありません。足がガクガク震えていても、ほんの少しの距離しか進んでいなくても、踏み出したあとにつまずいても、〝一歩進んだ〟という事実に変わりはないのです。一歩進む勇気を出したあなたを、無様だと笑う人間はいません。

今まで苦手だと思っていたこと、挑戦してこなかったこと、自分にはできないと決めつけていたこと、それらをたった一回頑張ってみるだけで、あなたは今よりも生きやすくなるはずです。

これから、どんな困難にぶち当たっても「あのとき、わたしはあんなに頑張れたんだ。だから今回も絶対に大丈夫」と、必ずあなたの気持ちを救ってくれます。

〝頑張った自分〟を知っているということは、未来の自分の武器となるのですから。

Q.2 素敵な彼を喜ばせたい！ 好きバレせずに好意を伝える方法はある？

私には現在、職場に片思いをしている人がいます。転職してから半年、恋心を自覚してから3か月ほどです。同じ部署で近い仕事をしているので毎日何かしらのやりとりをしていますが、その中でどのように好意を示していけばいいか……、試行錯誤しています。

あからさまになりすぎず、周囲に勘づかれないように、しかし本人にはちゃんと伝わるように……と思うのですが、ここ数年は仕事優先で恋愛から遠ざかっていたこともあり、お手上げ状態です（笑）。すっごくすっごく素敵な人なので、成就するかどうかはともかく、彼に喜んでもらえるような日常の中でのアピール・アプローチ方法をぜひご教示ください。（27歳、女性）

A.

えーっと……？　ずいぶんと自己評価が高いようでいらっしゃいますが、いったい何様なのでしょうか……？

「彼に喜んでもらえるようなアピール方法を知りたい」とのことですが、なぜあなたに好意を寄せてもらうことが彼にとって喜ばしいのか、わたしにはわかりません。

あなたが望んでいるのは、要するに「自分が傷つくことも恥をかくこともなく、ふんわりした状態で相手が自分の気持ちに勝手に気づいてくれて、相手も自然と自分に好意を寄せてくれて、いつか向こうから告白してほしい！」ということですよね？

そんな方法あるわけないだろうが!!

左の頬を差し出せ!!

ゴリラ並みの腕力を備えたわたしが目を覚まさせてやる!!

勇気を出して行動するからこそ

大変申し訳ないのですが、「男性に気に入られよう！」「モテ女になって愛されよう！」みたいなやつ、わたしのところでは取り扱っていないんですよね。

あなたが知りたがっているであろう相手の男性にいい女アピールする方法は、インターネットを開けばエビデンスレベルが超低いまとめ記事の中に目が腐るほど転がっているでしょうから、それらを読んで〝クロスの法則〟なり、〝揺れるピアス〟なり、〝ギャップを見せる〟なり、存分に試してみればいいと思います。

もちろん、好きな男性に自分の長所や魅力的な部分をアピールするのは、とても大切です。

彼の好きなものを聞いて勉強して共通の話題で盛り上がるとか、料理が好きなら職場に自分で作ったお弁当を持って行って料理上手な一面を知ってもらうとか、仕事を一生懸命に頑張る姿を見せて周囲に評価されるとか、どれも恋愛に繋げるためには重要なこと。よく知りもしない相手のことなんて好きになれっこないですしね。

でも、その先に〝自分の気持ちを伝える〟ということがなければ、いったいなんの意味があるのでしょうか。

そもそも告白というものは自己満足でしかなく、相手が喜ぶ云々は二の次です。

「彼のことが好き！」「彼と付き合いたい！」「彼にとって特別な存在になりたい！」と思うから努力するのであって、それは「自分が幸せになりたい」「自分の人生を豊かなものにしたい」という気持ちがあってこその行動。

わたしは、それでいいと思いますし、むしろそうあるべきだと思います。自分で自分を幸せにするために勇気を出して行動してこそ、得られるものがたくさんあり、結果がついてくるのですから。

自分の気持ちを自分の言葉で

相手に告白させるための行動は、たしかに数ある努力の中のひとつかもしれません。しかし、これから長くいい関係を築いていきたいと思っている相手を対象としたとき、それは努力というよりも怠けているように感じます。傷つきたくないと保身に走って、自分が幸せになるための選択を相手に委ねて、小手先だけで上手くやろうとかっこつけたままだと、相手と対等な関係を築くことは難しいのではないでしょうか。

もしも、運よく彼があなたの好意に気づいて告白してくれて、結果的に付き合えるようになったとしても、そこから先の関係を持続させるために、自分の気持ちを伝えなくてはいけない場面は数え切れないほどあるでしょう。

それは長く付き合う上で、さらに結婚に繋がる上では避けられないことです。そのたびにあなたは、自分の気持ちを察してほしいと彼にアピールするのですか？　大事なところまでも相手任せにしてしまうのですか？　最初にズルをすると、それが癖になって抜け出すのが大変になってしまいます。

上手く伝えろ、センスのある言葉を遣え、だなんて誰も求めていません。

あなただって、感謝でも好意でも、誰かから素直な気持ちを面と向かって伝えてもらったとき、それがたとえ上手じゃなかったとしても、うれしいと思ったことは何度もあるのではないでしょうか。無様でも、傷ついても、恥ずかしくても、自分の気持ちを自分の言葉で伝えるほうが、人間としてよっぽど魅力的だし何よりもかっこいいとわたしは思います。

〝あなた〟は〝彼〟とどうなりたいか

あらためて聞きます。あなたのゴールはどこですか?

彼になんとなーく自分の好意が伝わって、それで彼の気持ちもなんとなーく雰囲気で察して、その結果、お互いの感情になんらかの変化があること? それって、実際は何も変わっていないですよね。むしろスタートラインにすら立てていない。

「女性である自分から告白するのは恥ずかしい」「告白は男性からしてほしい」だなんて考えをお持ちでしたら、さっさと捨ててしまいましょう。そんなくだらないことに惑わされていてはいけません。あなたと彼は、たしかに女と男かもしれませんが、それ以前に〝あなた〟と〝彼〟なのです。

〝あなた〟が〝彼〟とどうなりたいか、という部分にきちんと目を向けてください。きっとそこがあなたの目指すべきゴールになるはずです。

負け戦にならないようにと最初から試合放棄するよりも、結果はどうであれ、まずはスタートラインに立つことが恋愛では何よりも大事。自分のために、彼に自分を好きになってもらえるように、なりふり構わず行動するほうが、あとから思い返したときにずっとずっと自分のことを好きになれていますよ。

わたしは、〝いい女〟というのは二種類あると思っています。ひとつは容姿が整っていたり、男性を喜ばせるスキルを兼ね備えていたりする、誰かにとってのいい女。もうひとつは、かっこ悪くても傷ついても恥ずかしくても、自分の幸せのためにここぞというときに踏ん張れる、自分にとってのいい女。

後者の〝いい女〟を目指す人たちが増えればいいなぁと願っております。

Q.3 お酒の力を借りてしつこく告白したら嫌われました。諦め方を知りたいです

好きな人に告白をして振られたあと、どうやって立ち直りましたか？

私は、好きな人に好かれたいのに、何度も嫌がられることをしてしまいました。

具体的には、お酒に酔って電話をかける、そして付き合ってほしいとグダグダ言う、などです。彼にお酒は飲まないと約束したのに、それをくり返し破っています。LINEで既読はついても、もう返信がもらえなくなってしまいました。

諦めるには、どうしたらいいのでしょうか？（27歳、女性）

A.

ウッ……！　まるで昔のわたしを見ているよう……黒歴史を掘り起こされているみたいで心臓が痛いぜ……。

何を隠そう、わたしにも同じような経験があります。

お酒を飲んで酔っ払っているフリをして家に泊めてほしいと駄々をこね、結局断られて深夜に見知らぬ土地に捨て帰られたりだとか、好きな人と二人で居酒屋に行った帰り

に駅の改札口で何十回と告白して「もう……お願いだから勘弁してよ……」と懇願するように振られたりだとか……。

今思い返してみれば、相手の迷惑なんて顧みず、完全に自分本位でしかない言動の数々。その結果、やっぱり成功したことは一度もないんですよね……。

相手が嫌がることをしない！

さて、なぜあなたはそのような行動をとってしまったのでしょうか？

かつては酔っ払って男性にしな垂れかかり、冗談ぽく「えへへ～なんか好きになっちゃったかも～」と言ってみたら上手くいったことがあったのかもしれない。しらふだと恥ずかしくて自分の気持ちを伝えられなかったけれど、お酒の力を借りたら勢いがついて告白できたのかもしれない。

でもね、たとえ成功した経験があったとしても、今までは単に運がよかっただけ。多くの場合は、相手からいい印象を抱かれることはありません。せっかく大人になったのですから、お酒の正しい飲み方と好きな男性への正しいアピールの仕方は、しっかりと身に付けましょう。

正しいお酒の飲み方や正しいアピールの仕方って、自分ではなかなか判断が難しいですよね。でも、そんなに難しく考えなくてもいいのです。

大事なのは、相手の立場になって考えること。

自分の嫌がることを何度も何度もしてきたり、もうお酒は飲まないと約束したにもかかわらずそれを破って飲み、悪酔いした挙句に冗談だか本気だかわからないような告白をしつこくしてきたり……、そんな男性と付き合いたいと思いますか？

どんな約束でも、何度も破られ続けたら、裏切られた気持ちになるだけでなく、「万事において約束を守れない人」という印象を持たずにはいられません。しらふのときはどんなに素敵な人でも、お酒の力を借りなきゃ大切な話ができない人のことなんて信用できないですよね。

子供の頃、「自分が他人にされて嫌なことはするな！」と親や先生に口酸っぱく言われた経験はありませんか？　これは、大人になった今、お酒を飲むときでも、恋愛でアピールするときでも同じこと。

ただし、相手の立場に立って考えるというのは、「わたしは酔っ払って電話してくる人と話すのも楽しいもん！」「好きじゃない人からでも、何度も好き好きって言われるのは悪い気しない！」「だから、わたしも同じことをしてオッケー！」ということでは決してありません。自分は嫌じゃないから、相手もきっと嫌ではないはず、ではダメなんです。自分が相手の性格だったらどう思うかを考えることが重要です。

一度嫌だと言われたことをもうしないというのは、当たり前のことですよ。

女友達に叱ってもらおう

とはいえ、今まで散々やらかしてきたことを急に直すのは無理かもしれない……と不安になっていませんか？

そりゃいきなりはね!!　無理だよ!!　しかも、相談内容から読み取る限り、あなたはなかなかの意志よわよわガールでしょう!!

そこで、あなたの力になってくれるのは、付き合いの長い、気心の知れた女友達です。わたしが自分本位の痛〜い言動をやらかしまくっていた黒歴史の終焉を迎えられたのは、女友達の厳しい指摘があったからこそだと思います。

「酒を飲んだとき、女の色気の出し方が間違ってる！」

「隣で見てるこっちが恥ずかしいよ！」

「そんなやり方で好きな男性と付き合えると思うな！」

あ〜今思い出しても耳が痛い……そして羞恥で顔が熱くなる……。

でも、こういった厳しいことも言ってくれたから、自分を客観視でき、悪い部分を矯正することができたのです。

女同士は悪口ばっかり言ってマウントの取り合いをして怖い、なんて意見をチラホラ耳にしますが、とんでもない。女性の味方こそ女性だと、わたしは思います。ぜひ一度、あなたが信頼している女友達に全てをさらけ出して、叱ってもらいましょう。異性に指摘されるより、同性の、そして自分のことをよく知っている人に指摘してもらったほうが、きっと心に深く突き刺さるはずです。

失恋は自分を変えるチャンス

恋の諦め方って、とても難しいですよね。時間が経つほどラクになるという意味の「日にち薬」という言葉があって、これは万病の薬だとわたしは思いますが、「実際に苦しんでいる最中にそんなこと考えられるか！」となってしまう人はきっと多いでしょう。

好きな男性に彼女ができてしまうなどの諦めざるを得ない状況にあれば、感情の落としどころを見つけやすいかもしれません。

でも、あなたの場合はそうではない。自分の言動次第でなんとかならなくはない気がする……と思ってないですか？

それは、そんな気がするだけなんですよ。

これ以上彼とどうにかなろうだとか、信頼を回復するために弁解の機会をもらおうだとか、そういった期待は一切しないほうがいい。散々かっこ悪いところを見せてしまったんです、最後くらいはきれいに去ったほうがいいのではないでしょうか。

今は、あなたひとりで、これまでの言動をしっかり反省して学ぶ時間にしてください。つらいかもしれません、泣いてしまうかもしれません。でも、大人になってから自分を変えて成長できる機会はなかなかない。

同じ失敗をしないように、この機会をどうか逃さないでほしいと思います。自分のダメだったところ、直さなくてはいけないところ、次にどうすればいいのかが明確になった頃には、日にち薬の効能にも気づいているはずです。

あなたが自分自身を省みる機会をくれた彼に、心から感謝しましょう。

Q.4 失恋後、ああしていたら、こうしていれば、とタラレバな後悔をしています

忘れられない好きな人がいます。初めはごはんに行ったりして楽しく過ごしていましたが、恋愛を意識し始めてから、ＬＩＮＥはしても職場で彼を避けるようになり、挨拶も会話もできない状態が1年半ほど続きました。その後、彼に「いい感じの子ができた」と言われて「私じゃダメなの？」としつこくすがったり、もうＬＩＮＥはしないと言いながらしてしまったりして、ブロックされました。以降、彼を追いつめていたと気づき、普通に接しようと意識したつもりです。

先日、転職することになり、職場のみなさんに手紙を書きました。彼には、どこが好きだったとか、今までありがとうとか、正直に書いたらほとんどラブレターになってしまいました。重いかなと思ったのですが、その後の職場の飲み会で手紙のことが話題になって、彼も笑ってくれたのでうれしくて安心しました。

今も彼のことが好きで、会いたくて苦しいです。ああしていたらとか、こうしていればとか、タラレバな後悔ばかりを考えてしまいます。（24歳、女性）

A. ば、ば、馬鹿たれぇ〜!!

まあ、すでに十分に自覚して後悔もたっぷりしているようなので、あらためて言うのも憚《はばか》られますが……あなたはかなり面倒くさい女性だったようですね。

その彼からしたら、〝いい感じ〟になっていたはずのあなたに、なんの前触れもなく会話はおろか挨拶すらしてもらえなくなったのに、別の女性に気持ちを向けた途端にしつこくすがられたわけですから、「え？　おれのこと嫌いだったんじゃないの？　散々冷たくしておいて、今さら何!?」と、きっと頭の中はクエスチョンマークでいっぱい。あなたの感情の波が激しすぎて溺れる寸前だったでしょう。

そもそも、あなたはなぜ彼を避けてしまったのでしょうか？

自分の気持ちを彼に知られるのが恥ずかしかったから？　彼と上手くいかなかったときのことを想像して臆病になったから？　自分の気持ちばかりが大きいなんて……とプライドが邪魔しちゃったから？

恋は傍から見たら恥ずかしいもの

あのねぇ、恋愛をしている人なんて、みんな例にもれず恥ずかしい存在なんですよ。

駅の改札口の前で抱き合って濃厚なキスを交わしているカップル、好きな人の名字と自分の名前を組み合わせて結婚したらどんな感じになるかノートに書いてみた学生時代、深夜2時に好きな人への気持ちが爆発して我慢できずにSNSに投稿してしまったくさーいポエム……。

傍から見れば恥ずかしいったらありゃしない。

でも、恋愛をしているときは、羞恥心もプライドもクソ喰らえ。そんなくだらないことを気にして何もせずボーッと立ち尽くしているよりも、〝好き〟という気持ちを大切にして、実際になりふり構わず行動したモン勝ちです。

そもそも、恋愛中はかっこつけたってしょうがないんです。

職場に手作りのお弁当を持っていって〝料理が得意な自分〟を見せたり、ファッション誌を読んで毎日身なりに気を遣う〝オシャレな自分〟を演出したり、落ち込んでいる彼の話を根気よく聞いてあげて〝彼の心に寄り添うやさしい自分〟を知ってもらったり……。こういうかっこつけなら、とても素晴らしいものです。

好きな人に、自分が本来持っている長所や、かっこいい自分になろうと努力している部分を素直にアピールできるということは、誰が見てもかっこよくて、相手も魅力的だと思ってくれるに違いありません。

不必要な〝かっこつけ〟とは

わたしがここで言う、する必要のない〝かっこつけ〟とは、恥ずかしさや照れを隠そうとして素直になれず、自分を守るためにする言動のこと。

その〝かっこつけ〟は、実は客観的に見ればとてもかっこ悪いことで、やってみたところでなんの得にもならないのです。

ちょっと似て非なるものに、あえて冷たくしてからやさしくするという「ツンデレ」というテクニックが存在しますが、あれはプロの成せる技。下手をすれば、ただの感じの悪い人や情緒不安定な人だと思われてしまうリスクがあり、わたしたち素人にはあまりにも高度すぎます。

傷つきたくないからと不必要なかっこつけをして、結果的にかっこ悪くなってしまうのなら、たとえ不器用でかっこ悪いと自分が感じたとしても、恥ずかしがらずに最初から感情を垂れ流しにしてぶつかっていったほうが断然かっこいい。

好きな人に好きだと伝え、好きだからこそ照れてしまう、照れてしまってドギマギしちゃうんだよねと、ありのまま全てを相手にさらけ出したほうがいい。

自分の感情に素直な人は、何よりもかっこいいとわたしは思います。

恋愛の終わりはかっこつけてなんぼ

あなたの中にある感情はさておき、状況だけを冷静に見てみると、恋愛は終わりに向かっていますよね。

恋愛の終わりは、かっこつけてなんぼです。

今までのあなたは、恥ずかしさから変にかっこよくいようとして、結果的にかっこ悪くなってしまっていましたね。だからこそ、最後くらいはかっこいい女性になりたくないですか？

そのためには、引き際を見極め、素早く撤退するのが吉。終わりよければすべてよし、ではありませんが、最後の最後にかっこよく去れたら、彼が過去をふと思い出したときに「そういえば、あいつはめちゃくちゃいい女だったよな……」となるかもしれない。

好きになった人の人生の中でかっこいい女として生き続けられることは、かっこ悪かった過去のあなたを成仏させてくれますからね。

ただ、面倒な女だと思われても、相手にうっとうしく思われても、かっこ悪いままでもいいのなら、自分の気の済むまで相手にすがり続けるのも選択肢のひとつです。これもまた、自分の感情を消化し、すっきりするための手段になり得ますから。

恋愛中の自己満足と、終わったあとのプライド。どちらを大切にするかはあなたが自分で決めることです。今までの行いを後悔している自分を救い、次への第一歩を踏み出すためには、何が最善なのかを考えた上で、決断してください。

忘れないでほしいのは、彼を追いつめた言動を後悔してから、あなたが彼に普通に接しようと意識したのは、とてもかっこいいことなんですよ。そこは、堂々と胸を張ってくださいね。

その気持ちはしまっておけばいい

ひとつの恋愛が事実として終わっても、自分の中の感情に終わりはあってないようなものです。だから、「もっとああしていたら……」「あのときこうしていれば……」とタラレバになって引きずるのは当たり前。

一度抱いた感情を、どこかに捨てたり、真っ黒に塗りつぶしたり、分厚くて重たい蓋で閉じたりと、無理矢理に〝終わったこと〟にする必要はありません。

そんなことをしてしまったら、他のみんなは知らないかもしれない彼の魅力に気づいたことも、あなたの話を一生懸命に聞いて愛のある言葉をくれた友達の存在も、彼に好かれたくて自分を磨いた時間も、全てなかったことになってしまうようで、なんだか悲しいじゃないですか。彼を好きだという感情も、その感情が生まれたおかげで得たものも、全部あなたにとっての宝物なんです。

でもね、宝物って、ずっと手に持って見せびらかしていると、誰かに取られたり、傷つけられたりしちゃうんですよ。だから、その宝物はきれいな箱に入れて、人目につかないところに隠しておきましょう。

宝物が気になるうちは、隠しておいた箱を何度でも開けて覗いたっていい、手に取ってやさしく撫でたっていい、ときにはきつく抱き締めたっていい。そして、最後には必ず元あった場所に戻しておくのです。

そうこうしていると、だんだんと箱を開ける頻度が減っていき、いつか箱の存在すらコロッと忘れてしまいます。近いか遠いかもわからない未来、ふとしたきっかけで宝物の存在を思い出して箱を開けてみると、「ああ、やっぱりこれは宝物だったんだな」と懐かしく思えるときがくるはずですから。

Q.5

好きな人は、とても大切な男友達です。この気持ちは伝えるべき？　隠すべき？

私の好きな人は、好きな人であると同時に友達です。好きになったきっかけは、当時付き合っていた人に振られたこと。もともと、時間が合わなくてあまり会えず、寂しくて不安になったときは、よくその男友達に相談していました。「別れたくなかった」と泣く私に、彼は「俺はお前のことが大事だから、お前がもう泣かなくて済むなら別れて正解だと思う」とやさしくしてくれました。その後も未練タラタラな私をよく連れ出してくれました。この一連の出来事をきっかけに、私は彼を好きになっていきました。

何度も告白をしようと思いましたが、そのたびに彼との別れを想像してしまい、踏み出せません。彼は好きな人でもあるのですが、同時に絶対に失いたくない大切な男友達でもあります。思いを告げて振られたり、たとえ成就しても別れて疎遠になったりするくらいなら、この思いは一生隠してもいいとまで思ってしまいます。ものすごい愛さんなら、この思いを伝えますか？（21歳、女性）

A.

やばい……泣きそう……。

あなたも男友達もめちゃくちゃいい子じゃん……切なすぎるよ……。

もう!!　絶対に絶対に幸せになってほしい……!!

友達ってマジで尊いもの

まず、「男女の友情は成立するか」という点からお話しさせていただきます。

男女の友情に関して、みなさんそれぞれ違った考えをお持ちでしょうが、わたしは成立する派です。でも、そのためには男女の生物学的な違いに対する気遣いとリスペクトを忘れず、双方に恋心や下心がなく、たとえあったとしてもおくびにも出さない理性を持ち続け、最初から最後までそれを全うできることが前提条件になってくると思います。

となると、あなたとその彼はもう友達ではなくなってしまったというわけではありませんが、彼の気持ちを計り知ることができない現状では、あなたの気持ちや行動が今後の関係性に変化をもたらす鍵を握っていることになりますよね。だからこそ、あなたはこれほどまでに悩んでいるのではないでしょうか。

性別や年齢を問わず、一生付き合っていきたいと思える友達がいるというのは、ほんとうに素晴らしいことです。そういう存在は、欲しいと望んだからといって手に入るものではないので、ずっと大切に守り続けていきたいものでしょう。

友達って、マジで尊くないですか？

何をするわけじゃなくても、ただ一緒にいるだけで話が尽きない、間違ったことをしたら本気で叱ってくれる、自分が傷ついたときに朝まで話を聞いて一緒に涙を流してくれる。物理的な距離ができても、それぞれを取り巻く環境が変わっても、よほどのことがない限り自発的に縁を切ることはそうないはずです。

恋人になると見過ごせなくなること

もちろん、これらは恋人でも当てはまることですし、恋人は自分にとっての絶対的な味方になり得ます。できることなら、今まで友達として築いてきた信頼や楽しさはそのままに、恋人としか成立しないような特別さもプラスしたい。

しかし、友達から恋人に関係性を変化させる行為は、ある種の賭けです。なぜなら、友達は恋人と違って生活が重なることはなく、お互いの生活が独立するために一線を引いていますが、恋人になるのであれば、その一線を取っ払うことは避けられないから。

友達だったら、部屋が汚くてだらしなかろうが、仕事ができなくて給料が安かろうが、LINEの返信がマメじゃなかろうが、自分には理解し難い特殊な性癖の持ち主だろうが、正直関係ないんですよね。もっと言うと、浮気性でも借金癖があってもニートでも、別にいいんです。自分に害がなく、生活を脅かす不安を感じず、今まで通り一緒に楽しく過ごせるのであれば、それらは単なる笑い話です。

しかし、恋人ともなると、そうは言っていられなくなります。

部屋が汚くてだらしのない人間だと一緒に暮らすことを考えたら不安になるし、仕事ができなくて給料が安ければその先にあるかもしれない結婚を考えにくくなる。いつまでたっても連絡が来ないと浮気をしているんじゃないかと不安にもなるし、特殊な性癖の持ち主だとそれに自分は応えられるのだろうかと悩んでしまう。浮気性・借金癖・ニートだなんて言語道断、普通だったら恋愛対象から真っ先に除外する人も多いはず。

友達同士と恋人同士では、どちらの関係が上とか下とかではなく、見える景色がまるで違います。友達のときは気にならなかったことが、恋人になった途端にいろいろと気になり出したり、要求が増えたりするのは避けられないこと。恋人同士になって生活が重なり、今まで引いていた一線がなくなることで、気にも留めていなかった男と女の部分がはっきりと見えてきて、上手くいかなくなってしまう可能性もあるのです。

もちろん、友達から恋人同士に関係性を変化させて上手くいっている人たちもたくさんいるので、一概に上手くいかないとは決めつけられませんが、その一線を取っ払う覚悟があるかどうかは、一度自分に問いかけなくてはいけません。

わたしなら、どうするか

わたしがあなたの立場だったら、ですけど、告白しません。

〝ポジティブ〟だの〝メンタル最強〟だのを謳《うた》って何事にも強気に生きているように見えるかもしれませんが、結構臆病なところもあるんですよ。

わたしは、どうでもいい人や嫌いな人に、どう思われても、何を言われても、どんな扱いをされても、傷つかないどころか、なぁーんとも思いません。わたしの尊厳を蔑ろにしたり大切な人たちにひどいことをしたりするようなら真正面から戦いますが、それ以外の場合は心の底からどうでもいい。金輪際かかわることなく、別の世界でそれぞれ楽しく暮らしましょうね、といった具合。でも、わたしが好きで、同じようにわたしのことを好きでいてくれる人に嫌われるのが、何よりも怖い。

ゼロからマイナスになること、マイナスがさらにマイナスになることは平気でも、プラスがマイナスになるのは、想像するだけでもとても恐ろしく、とうてい耐えられそうにないのです。

だから、今まで長い時間をかけて築いてきた友達というかけがえのない存在を失う可能性が少しでもあるのなら、異性として好きだという気持ちを押し殺して、相手にとって一番の友達でいられるように努力し続けると思います。

でも、一度抱いてしまった恋心を無視するのって、簡単ではないですよね。相談文には詳しく書かれていませんが、もしかしたら、あなたの彼に対する恋愛感情はもう誤魔化しがきかないほど大きくなっているのかもしれません。

わたしが「告白しない」と言ったのは、あなたの立場だったらという仮定の話。それに倣って、自分の感情を無理矢理に押し殺すようなことはしないでくださいね。

覚悟と、時間と、強い心が揃うとき

その男友達とずっと仲よくしていきたい、絶対に失いたくない、というのを第一に考えるのであれば、告白して振られたとしても、付き合ってから上手くいかなくて別れたとしても、以前のように仲のいい友達関係に戻れるという保証がなくても、めげずに努力をし続ける覚悟を決めなくてはいけません。

一度男女の関係になってしまうと、それをなかったことにして元に戻るのは、とても難しいことですから。今の場所から先へ進むことも大変ですが、元の場所に戻ることはもっともっと大変です。感情の消化と関係の修復にはとてつもなく長い時間がかかり、それに加えて過去を笑い飛ばせる強い心も必要になります。

そして、告白すると決めたのであれば、「友達関係のとき以上に、未来永劫、絶対絶対幸せにしてやるからな!!　わたしを彼女にしたらめちゃくちゃハッピーだぞ!!」と、胸を張って彼に愛を伝えてほしいと思います。

きっと、すぐには決められないですよね。結論の出ない悩みというのは、結論を出すための判断材料が足りないから、今結論を出すべきことではないのです。

覚悟と、時間と、強い心。

どんな決断をするにせよ、それらが全て揃うまでは、ときに悩むことを中断したりしながらも、しばらくの間はゆっくり暮らしましょう。かけがえのない彼の存在を大切に思い、そのために一生懸命に悩むあなたの誠実さを心から尊敬します。

そして、いつかあなた自身が心から納得できる結論を導き出せるよう、陰ながら応援しております。

Q.6 1年も付き合ったのにスキンシップがないまま別れて、自信喪失しました

1年間、付き合った人がいました。私から告白したとき、「一緒にいて楽しいし好きだと思うけど、恋愛感情なのかわからない」と言われ、「一緒に過ごして考えて」と伝えて付き合うことになりました。それから楽しい時間を共有しましたが、スキンシップは全然ないまま。半年後、旅行に誘われたとき、私は期待と緊張を抱えて夜を迎えましたが、一瞬で眠った彼の横でそわそわしていた自分が恥ずかしいやらみじめやら、感情がぐちゃぐちゃになって涙を流しました。

自分が恋人として好かれていないのでは、魅力がないのではないかと不安になり、1年が経とうとした頃に打ち明けました。返ってきた答えは告白の返事をもらったときと同じだったので、「一緒にいてわからないなら仕方ないね」と私から別れを告げました。自信を失うには十分でした。別れを後悔してはいないもの の新しい恋愛にも動けず、どうしたいのかわからないまま硬直しています。甘えてしまって恐縮ですが、ものすごい愛さんの言葉が欲しいです。(25歳、女性)

A. 大丈夫！　甘えていいよ！　恐縮しないで！
相談文の中に「スキンシップは全然ないまま」と書いてありますが、恐らくセックスはおろか、キスやハグ、手を繋いで歩くといったこともなかったのではないでしょうか。恋人同士なのに触れ合えないって、とてもつらいですよね。

そういうスキンシップがしたいから付き合ったわけではなくても、好きだからこそ相手に触れたいというのはごく当たり前の感情で、それを拒絶されるのは悲しいに決まっています。

似た経験があるからわかること

実は、わたしにもあなたと同じような——といっても付き合っている間に恋人らしいスキンシップがまったくなかったというわけではないのですが——経験があります。

その男性とは、彼からわたしへよりも、わたしから彼への愛情のほうがずっと大きい関係だったのです。わたしから告白して、「わたしと付き合ったら絶対に楽しいよ！絶対にあなたは幸せになれるよ！」とゴリ押しした結果、お付き合いが始まりました。

スキンシップを求めるのも愛を言葉や行動で伝えるのも、わたしから一方通行のことがほとんどでしたが、それでも彼のことが大好きでしたし、大好きな彼と付き合えてうれしいという気持ちが大きかったので、傍から見れば〝付き合ってもらっている立場〟だったとしても、恋人になったからには対等な関係だと、あまり悲観的になることはありませんでした。

でも、彼と旅行に行ったときのこと。彼との初めての旅行で、普段は仕事が忙しい彼と久しぶりにゆっくり会える機会で、しかもわたしの誕生日。泊まるところは非日常を感じられる素敵な雰囲気の旅館で、そんな特別な日に浮かれていたわたしは、「今日は絶対にそういうことになるよな！」と期待して、かわいい下着を身につけ、ムダ毛の処理も抜かりなく、ドキドキしながら過ごしていました。

でもね、なぁーんにもなかったのです。そのときのみじめさといったらありません。

普段だったらなんとも思わなかったかもしれませんが、いわゆる〝恋人同士がいい雰囲気になって当たり前のシチュエーション〟でもわたしから求めなくてはいけないほど、彼はわたしのことを大して好きではないんだな、という考えが頭をよぎりました。わかっていたつもりだったけれど、わたしの気持ちのほうがずっと大きいことをあらためて実感したのと同時に、「自分のことを好きな女と密室にいるのに!?　それでもセックスしようと思わないんか!?」と、女性としての自信を失ったことを今でも覚えています。

当時、わたしは20歳そこそこで、かれこれ6〜7年前の出来事なのですが、未だに「ウォ〜!!　若かりし日のわたしの尊厳よ〜!!」と叫びたくなるときがあります。

自信を失ってしまわないで

こうして、たった一度でも恋愛でひどく傷ついてしまうと「恋愛とはつらくて悲しいもの」というイメージが自分の中にこびりついてしまい、それが長く尾を引いて身動きが取れなくなることがあります。自分に自信が持てなくなってしまったり、次の恋愛に臆病になってしまったり、男性によくないイメージを持ってしまったりなど、今のあなたのような状況です。

そんなあなたに、まずわたしが伝えたいのは、あなたに魅力がないわけではないということ。月並みな言葉ではありますが、恋愛で失敗したときって、そんな当たり前のことを忘れてしまうんですよね。

あなたが彼からの好意を感じられなかったこと、あなたと彼のお互いへ向けた好意に温度差があったことは悲しい事実なのですが、彼が何を思ってあなたと楽しい時間を過ごしていたのか、彼がずっと抱いていた感情の種類や大きさは今となってはわかりません。他人への好意というものは、そう簡単に説明がつくものではありませんからね。

あくまでも憶測ですが、もしかしたら、彼自身も自分の感情を分析できていなかったのかもしれない。もしかしたら、彼はたとえ好きな相手でも他人とのスキンシップに嫌悪感を抱くタイプだったのかもしれない。もしかしたら、彼はノンセクシュアルの人だったのかもしれない。

彼の行動の理由は想像することしかできませんが、「わたしに魅力がないからなのでは」という疑心暗鬼に引っ張られないでほしいと思います。

今、気をつけてほしいこと

そもそも、女性としての魅力ってなんでしょうか？

庇護欲《ひごよく》を掻き立てられるような甘え上手であること？　胃袋をガシッとつかんで離さないほどの料理上手なこと？　誰もが羨むほどの絶世の美女であること？　おっぱいが大きいこと？　いろいろ挙げられるとは思いますが、何を魅力に感じるかって人それぞれ違うんですよね。スラッとした体型の女性が好きな人もいれば、ぽっちゃりした体型の女性が好きな人もいますし、甘え上手な女性をかわいいと思う人もいれば、サバサバした女性をかっこいいと思う人もいます。

もちろん、自分の欠点や苦手なことを克服しようとする意識やそのために努力をする姿勢はとても大事ですし、「今よりもっとかわいくなってやる！」と思ってメイクやオシャレを頑張るのはいいことです。

しかし、過去の恋愛で自信をなくしてしまっている今、その失った自信を取り戻そうと、「自分はこうありたい」「こういう風になったほうが、もっと自分のことを好きになれるから」という自分の理想のためではなく、「こっちのほうが男性にモテるんでしょ」「こういう女性が魅力的なんでしょ」という他人を主軸とした、自分を偽る方向の努力をしないようにしてくださいね。

そんな本意ではない努力をしていると、いつか息苦しくなって、しかも今以上に自信を取り戻すのが大変になってしまいますよ。

縁がなかったと思うことも大事

ひとつの恋愛が終わったとき、後悔だけで終わらせずに自分の言動を反省することはもちろん必要です。「〝察してちゃん〟になってしまっていたから、次はちゃんと自分の気持ちを伝えるようにしよう」とか「自分本位でワガママばかり言ってしまっていたから、次は相手の立場になって物事を考えよう」とか、反省を活かして同じ轍《てつ》を踏まないようにするためには大事なことですよね。

めちゃくちゃ大事、大事なんですが、反省ばかりしているのも実はよくないんです。

恋愛は自分ひとりではできないものですから、自分だけがどんなに頑張ったってどうにもならないことはたくさんあります。だから、ある程度は「相性が悪かった」「今回は縁がなかった」「ちょっとタイミングと運が悪かった」と割り切ることも、反省と同じくらい大事なんです。

しかも、今回の場合は、あなたなりにきちんと自分の気持ちや要望を伝えていたのにもかかわらず、彼はあなたや自分の感情と向き合おうとせずにはぐらかしていたようですから、「縁がなかっただけ!!　わたしに魅力があるない云々の話ではない!!」と収めてもいいのではないでしょうか。

だからといって、すぐに無理矢理に割り切って立ち直れるものでもないですよね。

大丈夫、それはちゃんとわかっています。失った自信を取り戻すには時間がかかりますし、〝自分には魅力がない〟という呪いは即時に解けるものではありませんから。

硬直して身動きが取れなくなってしまっている今、あなたが気をつけるべきことは、決して自虐的な枕詞をつけないこと。「どうせわたしなんて」という自信のなさを盾にして過ごすと、よくないものばかりが寄ってきて、すり減ったあなたの心の隙間に付け入ろうとしてきます。

「どうせわたしなんて、女性としての魅力がないし……」と言いまくっていれば、「そんなことないよ～とっても魅力的だよ～かわいいよ～」と耳馴染みのいい言葉で心のこもっていない肯定をしてくる人、その中でもあなたのことを大事にするつもりのない人をころっと信じてしまい、そこからずるずると悪い方向に引っ張られる危険性がありま す。そうすると、他人の言葉にすがらなくては立っていられなくなり、心がより一層すり減ってしまいますからね。

次はあるから焦らなくて大丈夫

このことにだけ気をつけて、あとは体の硬直が取れるまで、ちょっとだけお休みして自分を存分に甘やかしてください。何事も、お休みは必要です。今まであなたはフルスロットルで頑張ってきたのですから。

勇気を出して好きな人に告白して、ドキドキしながら返事をずーっと待って、相手の意見を汲み取りつつ自分の欲望をグッと抑えて、相手の感情と向き合って、それに寄り添って、自分を守るために引き際を見極めて、つらくても過去の恋愛を振り返って。

ほんとうに、ほんとうによく頑張りました。

きっとすごく傷ついたはずなのに、相談文の中に彼を一方的に非難する言葉がひとつもないこと、「楽しい時間を共有した」と書いてあることから、あなたが「恋愛は悪いことばかりではない、ちゃんといいこともある」と知っていると伝わってきます。だから、いつかまた「恋愛をしたい」と動き出せるときがくるはず。

失恋した友達を慰める常套句として「もっと他にいい男がいるって！」というのがありますよね。言われた側からしてみたら無責任な言葉に感じるかもしれませんし、「そんな簡単に言わないでよ！」「あの人以上の人はいないんだから！」「もう一生好きな人なんてできないもん！」と突っぱねたくなる人もいるかもしれません。

でも、「もっと他にいい男がいるって！」という言葉は、冷静に考えて正しい部分が大きいと思います。素敵な男性って、世の中にはほんとうにたくさんいるんですよ。

恋愛で悲しい結末を迎えたとき、最初から最後まで相手のせいにしてしまう人は別として、あなたのように勇気を出して相手と向き合おうとした人には、ちゃんと次があります。焦らなくても大丈夫ですよ！

第3章

道ならぬ恋

Q.1 遠距離の彼氏には彼女がいます。近場の彼氏も作ったけれど満たされません

私には、遠距離恋愛中の彼氏がいます。その彼氏には、彼女がいます。彼女がいるとわかっていて付き合い始めたのですが、やっぱり彼氏のことが好きで、独占したいと思ってしまいます。

彼氏は寂しがっている私に「近場で彼氏を作りな」と言うので、近くでも彼氏を作りました。でも、その近場の彼氏をどうしても好きになれません。それでも私のことをすごく好きでいてくれているようで、別れを切り出せていません。

しかも、遠距離の彼氏に会えない寂しさを埋めるために、私はセフレまで作ろうとしています。全員と関係を切って全てなかったことにしたいのですが、その勇気が出ません……。

マッチングアプリを始めてから世界が変わってしまいました。人から愛されたい、認められたい、かわいいって言われたいという願望が強くて困っています。この先、私はどうしたらいいのでしょうか？（26歳、女性）

A.

エーッ!!　人から愛されたい!?　認められたい!?　かわいいって言われたい!?

ちょっとちょっと……まるで承認欲求が服を着て歩いていると思われても仕方がないような発言じゃありませんか……。

相談文から読み取る限り、あなたは遠距離恋愛中の彼氏のことも、近場で作った彼氏のことも、きっと大して好きではないのでしょうし、これからマッチングアプリを通して出会うであろう男性のことも、恐らく好きにはならないように思います。

なぜなら、あなたが何よりもかわいいと思っていて、何よりも好きなのは、自分自身だから。そのせいで、今の状況になっているのではないでしょうか。

かなり厳しい言い方になってしまいますが、あなたの相談文を読んで、わたしは「相手に何をしても罪悪感が湧かない人なのだろうか?」「何かつらい目に遭ったり傷ついたりしたとき、自分以外の誰かのせいにしてしまいそう……」と感じて、これからお話しすることが無駄になるんじゃないかと少々心配になります。

前提条件からして間違っている

彼女がいるのに別の女性と付き合おうとするその遠距離恋愛中の彼氏も彼氏ですが、

そんな男性と付き合って独占したいと思っているあなたもあなたです。

そもそも前提条件から間違っているんですよね。彼女がいるとわかっていて付き合ったのに、なぜ一番になれると思ったのでしょうか。

その彼が誠実な人なのであれば、お付き合いしている彼女とはきっぱり別れてから、あなたとの関係をスタートさせるはずです。でも、そうではなかったようですから、お互いがお互いを特別扱いすること、一番の存在にすること、といった価値観とはかけ離れた部分で、即席的に作られた関係に過ぎません。

「定期的に会って甘やかしてくれてセックスもできる関係はサイコー！」「面倒なことを全部抜きにしていいとこ取りができるなんてとってもラクチ～ン！」と思えず、二番目のポジションに甘んじることができないのなら、最初から彼女になりたいなどと名乗り出るべきではなかったのです。

すでに彼女がいる時点で、その遠距離の彼氏が持っている100の愛情の全てがあなたに向くことはありません。甘く見積もったとしても50くらいでしょうか。彼から50の愛情しかもらえないと、あなたは自分が持っている100の愛情の全てを彼に注ぐことを不服に感じ、50の愛情しか返さないでしょう。そして余っている50の愛情を他の男性に与えて、自分の心を満たしてもらおうとしています。

愛情が足りないと感じるのなら、１００の愛情を持っている相手から１００の愛情をもらえるよう努力し、あなた自身も１００の愛情を与えないといけません。足りない愛情を他で満たそうとしても、あなたが求めている幸せは得られませんよ。

遠距離の彼氏と別れよう

あなたは、「全員と関係を切って全てなかったことにする勇気が出ない」なんて仰っていますが、甘えからくるただの怠惰をやめるだけなのに、勇気なんてかっこいいものが必要でしょうか？

その甘えた気持ちを、ただ捨ててしまえばいいだけのことです。きれいな言葉を使えば、周りの同情を誘えると思ったら大間違い。このままずっと満たされない気持ちで過ごすことになってもいいのなら、どうぞご自由に。あなたの人生です、好きにしたらいいと思います。でも、自分を変えたい、満たされた気持ちで過ごしたいと思っているのなら、他人任せで求めてばかりいる受動的な姿勢はやめるべきです。

まずは、遠距離恋愛中の彼氏とは別れましょう。その人と付き合っていてもなんの意味もありません。「いつか彼女と別れてわたしだけのものになってくれるはず……！」

なんて希望は捨ててください。そんなことは絶対にあり得ませんから。

万が一、彼があなただけのものになったとしても、きっと彼はまた別の彼女を作るでしょう。あなたが二番から一番に昇格したとしても、それは相対的に評価されただけ。たったひとりの彼女になる……つまり絶対評価にならない限り、心が満たされない状況は今とさほど変わらないと思いませんか？

次に、近場で作った彼氏とも別れましょう。好きでもない相手からの愛情によってときには救われることもありますが、これまで受け取っていて何も心が動かなかったのなら、今のあなたには必要ありません。それに、当たり前のことを言いますが、あまりにも身勝手で相手に対して失礼すぎます。

最後に、マッチングアプリもやめましょうね。マッチングアプリは、普段の生活では出会わないような人と知り合えるきっかけにもなる便利なツールですし、それを通して素敵な人と出会って結婚する人も中にはいます。

しかし、あなたのように承認欲求を満たしたいという気持ちだけで利用している人は、簡単に見透かされてしまうものです。「あ〜この子は真剣に恋人を作りたいと思っているんじゃなくて、寂しさを埋めたいだけの子だな〜」と、愛のないセックスの対象になって終わるだけです。

怠惰な自分とは決別しよう

わたしはあなたに、怠惰な自分ときちんと決着をつけてほしいと思います。

一度、まっさらな状態になってください。誰かありきの自分ではなく、独立した自分。承認欲求を満たすことを忘れたまっさらな状態は、過ごし方を知っていればとても楽しいものです。

誰かと一緒にいたって、ひとりきりでいたって、寂しいときは必ずあります。でも、それはずっと続くわけではありません。

だから、その寂しさを誰かに埋めてもらおうとするのではなく、どうしたら乗り越えられるのか、自分なりの方法を見つけておいたほうが、あなたのためになります。

自分のために時間を使って、自分の機嫌の取り方を覚えて、感情の波に支配されない過ごし方を知って、自分の長所と短所を整理することが、今のあなたには必要なのではないでしょうか。

自分を正しく愛し、自分の欠点を見て見ぬふりをするのではなく、きちんと認められるようになってから、次の恋をスタートしてほしいと願っています。

Q.2
新しい彼女のいる元彼を好きになり、〝都合のいい女〟になってしまいました

私には、好きな人がいます。19歳のときに付き合っていた元彼です。当時、半年ほどお付き合いをして別れ、それから4年ほどは連絡を取っていない状況でしたが、24歳くらいの頃、急に連絡が来るようになりました。しかし、極力連絡を取ったり会ったりすることは控えようと、最初は共通の友人を交えて飲みに行ったりする程度でした。なぜなら彼には新しい彼女がいたからです。

ところが、二人で飲みに行ったりするうちに、また彼を好きになっている自分に気づきました。体の関係も持ってしまいました。このままではダメだと思い、積極的に出会いの場に足を運んだりしていますが、結局、他の人を好きになることはできず、元彼への気持ちが大きくなる一方です。

私が今、〝都合のいい女〟であることはわかっています。それでも、好きだと思ってしまいます。彼のことを諦めることも嫌いになることもできません。どうすればいいか、アドバイスをくだされればうれしいです。（26歳、女性）

A.

〝都合のいい女〟と辞書を引いたら真っ先に出てくる、まるでテンプレートのような〝THE　都合のいい女〟じゃないですか……。

自分のことを好きな女性が、彼女持ちということを承知の上でセックスさせてくれるなんて、その男性にとってはそりゃあもうサイコーでしょうね。ましてやそれが元カノとなると、おだて方も機嫌の取り方も性感帯も熟知しているわけですから、簡単で便利にもほどがあります。

まず、現実を突きつけさせていただきますが、あなたはセフレ!!

まごうことなき、〝セフレ〟です!!

〝好きな人〟なんてきれいな表現にして、自分の気持ちがちゃんと伝わらないのが切なくてもどかしくて、まるで悲恋のようなストーリーに酔ってしまっていませんか？

セフレがダメなのではない

セフレという関係性は否定しません。

恋人という関係はちょっと煩わしい、でも性欲は溜まるから誰かとしたいけど、風俗はあまり好きじゃないし、不特定多数の人と関係を持つのはいろいろと弊害がある、だから特定の〝セフレ〟を作る、という考え方の人も世の中には少なからずいるでしょう。お互いにとって都合のいい関係で、利害が完全に一致していて、リスクも承知の上で、最低限のマナーが守られているのなら、わたしは別にいいと思うんですよね。

でも、あなたの場合、「このままではダメだ」という認識があるようですから、きっと好き好んでセフレになって、その関係を楽しめるタイプではないように感じます。「やることやってスッキリした〜！　マジでセックスも上手いし、面倒な詮索してこないし便利〜！」くらいに思えないのなら、ただつらいだけ。「いつかきっと……」という淡い期待が、今のあなたを余計に苦しくさせているのではないでしょうか。

だから、そういう関係になるべきではなかったんだと思います。

もし彼があなたと付き合いたいと思っているのなら、今の彼女との関係をきっちり清算してから、あなたと新たな関係をスタートさせているはずです。でも、現実はそうではない。最初から誠実に向き合ってくれない人にいくら誠意を求めても上手くかわされてしまいますし、彼がラクで便利な状況にズルズル引き込まれていくだけです。

たとえ運よくセフレから彼女に昇格できたとしても、彼が浮気をする人だという不安はいつまでも付きまといますし、彼もあなたに対する「結局は都合のいいポジションに甘んじる女」という固定観念をなかなか払拭できないと思いますよ。

〝好き〟なのか〝執着〟なのか

よーく考えてみてください。

過去に一度別れたということは、別れるに至った理由があるはず。年月が経ったことで、彼との思い出が必要以上に美化されてはいませんか？　かつては自分のものだった人が目の前にいるから、惜しく思えるだけではありませんか？

それはもう、〝好き〟ではなく、〝執着〟です。好きから執着に感情が変化してしまったら、その先にハッピーエンドが待ち受けていることはありません。

セフレの関係になった元彼（彼女持ち）に本気の恋をする――あーもう!!　この字面を見るだけで十分しんどいよ!!

一度や二度のセックスで情にほだされるんじゃありません!!

とまあ、辛辣《しんらつ》なことを好き勝手に言わせていただきましたが、「でも！　だって！　彼のことが好きなんだもん！」と返されてしまえば、わたしにはどうしてあげることもできないのです。

事情を知っている周りの友達からは「そんな最低な男やめなよ！」「もっと他にいい男がいるよ！」などと耳にタコができるほど言われているかもしれませんし、あなた自身が自分のことを「都合のいい女だってわかってる」と言っているくらいですから、頭では理解していても感情をコントロールできないのでしょう。

それに、ほんとうに心から彼のことを諦めたい・嫌いになりたいと思っているのなら、すでにＬＩＮＥをブロックするなり、電話を着信拒否にするなりして、無理矢理にでも彼の存在価値を下げるための行動をとっているはずですしね。

デモデモダッテになって、彼女がいるセフレに執着して、周りの意見に聞く耳を持てないあなたのことを、救ってあげられる人は誰ひとりとしていません。

この問題は、あなたが自分で決着をつけるしかないのです。

みじめな自分に甘んじないで

ただ、これはわたしの勝手な願いですが、どうかみじめな自分に甘んじないでほしいと思います。

真意がわからない曖昧な関係のまま、自分の感情を見て見ぬふりして何も言わずにさえいれば、彼との関係が終わることも、好きな人を失うことも、それによって大きく傷つくこともないでしょう。

でも、あなたはそんな自分を、心から認めることができますか？

たしかに、彼と別れることによって、心が大きく傷ついてしまえば、苦しくてしんどい時間を過ごすことになります。

しかし、それは永遠に続くものではありませんし、落ち込んでいるあなたを元気づけようとしてくれる人のありがたさを再確認できたり、今とは違う環境に身を置くことで素敵な出会いがあったり、しばらく恋愛をお休みする中で何か新しい趣味ができて毎日の活力になったりなど、新たに気づくことや見えてくるものも必ずあります。

ひどくみじめになった自分を、よく頑張ったねと自分で褒めて鼓舞して立ち上がるのは、とてつもなく難しいかもしれません。でも、そこで諦めてしまうのではなく、自分自身の幸せを追求するために、周りの声をよく聞いて、余計なものを断ち切り、自分の価値を蔑ろにせず、心を奮い立たせてほしいと思います。

どうか、ラクなほうへと逃げることを、やめてください。あなただって、他のみんなと同じように、誰かにとっての一番になれる存在なのですから。

Q.3 ファンとの恋愛はご法度の芸能関係の彼。どうしたら諦められるの？

　ある役者さんのことが好きです。彼は芸能関係のお仕事をするほか、事務所経営の飲食店で働いたりもしています。距離が近いこともあり、人となりを知るにつれて、ファンとしてではなく女として彼のことが好きになってしまいました。しかし、彼はファンとして応援することを喜んでくれており、口が裂けても恋愛対象として好きだなんて言えません。それに彼は事務所からファンとの恋愛はご法度だと言われているようです。不毛だとわかっているのに期待を捨てきれず、かれこれ3年ほど彼のことが好きです。諦めるべきなのは薄々わかっていますが、諦めるための喝をいただけないでしょうか……。（26歳、女性）

A.

　これぞ道ならぬ恋と言いますか……。彼女がいる人を好きになったなどとはまた違ったかたちの、なかなか感情の昇華が難しいお悩みですね。

　あなたのお悩みが「芸能界にいる彼とどうにかして付き合いたい！」というものでは

なく「この恋を諦めるための喝を」とのことですので、今回はそちらの方向でお話しさせていただきます。

ファンとの恋愛はご法度!?

その彼は役者さんとのことですが、彼が事務所にどういう売り出し方をされているのかはわかりませんし、事実をありのまま正直に話しているかといったら、それ自体にも箝口令《かんこうれい》などがあるかもしれないですからね。彼の言うことの、何をどこまで信用していいのか、それは一般人相手とはまた勝手が違うのではないでしょうか。

あなたの場合は、彼から直接「事務所にファンとの恋愛はＮＧと言われていて……」と聞いているようですが、それ以外にもメディアでたまに見かけませんか？　同じようなことを言っている芸能人。

人気商売ともいえる芸能人にとって、やはりファンというのは何よりも大切にしなくてはいけないもので、ファンと下手に繋がってなんだか面倒なことになってしまうと、今後の活動に影響が出る恐れだってある。だから、ファンに対する断りの常套句として使われている可能性だって考えられるのです。

もちろん、それをきちっと守って活動している芸能人もいるとは思うのですが、情報番組やネットニュースなどで「あのドラマで人気だった有名俳優が自身のファンと結婚！」「現役アイドルがファンとの熱愛発覚！」というのを見て、世間がざわつくことがありますよね。それに対して、わたしは「信じていたのに裏切られた！」と憤慨することはありませんし、是非について言及するつもりもありませんが、「いや〜すごいぜ、一般人にはわからないことがたくさんあるぜ、芸能界……」とは思います。

素顔を知っているとは限らない

あなたは「人となりを知るにつれて、ファンとしてではなく女として彼のことが好きになってしまいました」と仰っていますが、お客さんとして、ファンとして行っているお店で、見せられているイメージの部分だけで、彼の全てを知っているつもりにはならないほうがいいと思います。

芸能人って、魅せる職業です。プライベートをさらけ出している方も中にはいますが、イメージがものをいう部分があります。役者さんなら顔や雰囲気、演技。アーティストならライブパフォーマンスや歌声、演奏、作る曲……。

だけど、芸能人も人間ですから、プライベートがあって当然で、ごく普通に生きています。鳥貴族で安いハイボールを飲んでいるかもしれませんし、20時くらいのスーパーでカッピカピになった見切り品のパック寿司を買っているかもしれませんし、どんなにイケメンでもお腹をピーピーに下してトイレで神様に祈っているかもしれません。

イメージを売っている人から、イメージを受け取って好きになるのが悪いわけではありません。でも、一度、彼のことを偶像崇拝していないか、考えてみてください。自分でも気づかぬうちに彼を妄信しているにもかかわらず、全てを知った気になってしまっては、彼はあなたと恋に落ちるどころか、それ以前に内面を見せることすらしようと思えないのではないでしょうか。

偶像崇拝する人とは恋に落ちない

わたしはハイパー一般人として暮らしていますが、ツイッターにズブズブだったり、WEB連載をしていたり、エッセイ本を出したりしていることから、一応ファンというありがたい存在がいます。芸能人とわたしを比べたら月とスッポンなんですが、「文章が好きです」「考え方に憧れます」なんてうれしいことを言ってくれる人もいるのです。

そういう人たちに対しては、心からの感謝と両頬に10回ずつのキスをプレゼントしたい。

しかし、ごく稀にですが、「ヒェ〜！　美化されとるやんけ〜！」と身構えてしまうことがあります。わたしは書くものに絶対に嘘は並べない、感情を正直に見せる、と決めていますが、書いていないことやわざわざ見せていない部分も当然あります。

わたしが見せている部分だけで「ものすごい愛さんご夫婦は、美男美女に決まってる！」「いつだって正しく導いてくれるに違いない！」と一種の神格化をされてしまうと、「なんか、すみません……全然そんな素晴らしい人間じゃないんですよ……ははは……」と後ずさってしまうのも事実。うれしい、ありがたい。でも、そういった人たちとめちゃくちゃ仲よくなってお酒を飲みながら内面をさらけ出せるかと言ったら、かなり難しいですし、直接コンタクトを取ることも躊躇してしまいます。

プロ彼女とファンとの違い

芸能人同士の恋愛はさておき、芸能人が一般人と恋愛や結婚をするという場合、お相手の一般人の方はいろいろな方面に配慮があって、〝上手〟なんだと思います。

ずいぶん前に、ある人気俳優さんが一般女性と結婚したのを機に、「プロ彼女」という言葉が生まれたのをご存知ですか？　もともとは「芸能人やスポーツ選手などの有名人と交際するためのテクニックを備えた一般女性」という皮肉を含んだ言葉として発生したようですが、広まるにつれて定義が変わっていき、ざっくり説明すると「めちゃくちゃ人気な芸能人とお付き合いしている」「口がダイヤモンドのように固くて芸能界の常識に理解がある」「容姿端麗で頭脳明晰、家事スキルも高くて非の打ち所がないが、決して自分は表に出ずに日陰ポジションに徹する」といったもの。

そのプロ彼女と呼ばれるような女性たちがどこでどんな暮らしをしているのかはわかりませんが、他のファンとは一線を画す存在だということは、簡単に想像できます。

あなたが、彼にとって他のファンとは別枠なら、秘密の恋がとっくに始まっていたり、彼からの特別扱いがすでにあったりするはずです。でも、そうでないのなら、あくまでもファンのひとり。「ファンとして応援してくれるのがうれしい」と言われている時点で、「それ以上は深入りしないでくださいね」と暗に予防線を張られているのでしょう。

「ファンとしての愛」と「恋」を分ける

一方、ファンの存在が彼女より劣っているかというと、決してそんなことはありません。自分を応援してくれる人の存在はとてもありがたいものです。だって、自分の存在、自分が生み出したものを好いてくれているのですから、うれしいに決まっています。

つまり、彼女とは違う枠だけれど、ファンだって彼にとって何よりかけがえのない存在なのです。

だったら、彼のことをファンとして応援する道を進むのはいかがですか？

ファンとしてひたむきに応援して、彼の舞台やドラマを欠かさず見て、ガンガンお金を落として、彼が超人気者になれるように、ガチファンに徹してもいいのではないでしょうか。偶像崇拝上等。恋愛ではなくとも、これもひとつの愛のかたちです。

わたしは芸能人に熱中するタイプではないのですが、アイドルや役者さん、声優さん、アニメのキャラクターをめちゃくちゃ推している人のことが純粋に羨ましいんですよね。だって、そのために仕事を頑張れたり、疲れているときに癒されたり、毎日の活力になったりしているのですから、超ハッピーでサイコーじゃないですか？

これから先、もしも恋愛をしたい、結婚をしたいと思っているのであれば、ファンとしての愛と恋心を区別してから前に進んでほしいと思います。

自分を特別扱いしてくれない人、その可能性がない人に対しては、一ファンに徹したほうが、きっと幸せですよ。

Q.4 片思いの既婚男性を困らせたけれど、また普通に会話できるようになりたい！

片思いの既婚男性と、連絡先の交換に成功。返信が来るとうれしくて即返信していた私ですが、「電話の調子が悪くてＬＩＮＥができなくなった」と言われ、それからは電話もせずにいました。でも、どうしても彼との距離を縮めたい、好みのタイプを知りたいという気持ちから、ある日、お店で思い切って遠回しに聞いたところ、周りに他の店員さんがいたせいもあってか、彼を困らせてしまいました。帰宅後、私は彼を困らせてしまったという後悔と反省で泣きました。

それからは、彼のいるお店に行くのをやめ、電話もせず、会ってもいません。彼と再び距離を縮めることは可能でしょうか？　前のように普通に会話したい気持ちがあって、諦められない自分がいます。なぜなら彼は周りに他のお客さんや店員さんがいるときは立場上のことがあってか当たり障りのないことしか話さないのですが、周りに誰もいないときは、自分自身のことを話したりして、その表情は穏やかでした。いい解決策はありますか？（33歳、女性）

A.

いやいやいや!!　不可能でしょ!!　いい解決策なんてないよ!!

様々なかたちの恋愛に悩んでいる人はたくさんいますし、わたしは不倫の是非については言及しませんが、一般論を言わせていただくと、不倫はよくないものとされています。ですから、「よーし！　これから奥さんがいる男性のことを略奪しちゃうぞー！」という考えを持ち、客観的に見て幸せになれる可能性がないとわかりきっている人の背中を力強く押してあげるほど、わたしの倫理観はぶっ壊れていません。

不倫は基本的にＮＧです

好きになった人がたまたま既婚者だった、という話はたまに耳にします。

未婚だと偽られた・既婚者だと知らなかった状態で好きになってしまい、のちに既婚者だという事実がわかったけれど、今さら気持ちを抑えることができないという場合と、相手が結婚しているのを最初から知っていた上で「既婚者上等！　だって好きなんだもん！」とブースト全開で関係性を詰めていく場合とでは、結果的に同じ不倫関係になってしまったとしても、受け取る側の印象はかなり違うのではないでしょうか。

前者の場合、未婚だと偽った男性に対して社会的にも物理的にも滅してやりたい気持ちが生じることはさておき、女性に対しては「自分が心から幸せだと思える道を探してほしい」「自分のために悪縁を断ち切りましょう」と促しますが、あなたのように後者の場合は「ちょっとちょっと～!!　一旦ストップ!!」と言わずにはいられません。

もしかしたら、あなたは彼と普通に会話をしたい〝だけ〟だと言うかもしれません。でも、ほんとうに会話だけで済ませられますか？　今までのことを水に流してもらえたとして、恋愛関係に発展しない前提だとしても、それにずっと満足し続けられますか？

人間は欲深い生き物です。最初はひと目顔を見るだけでいいと思ったはずなのに、一緒に話したい、二人きりで会いたい、もっと会う回数を増やしたい、触れたい、彼にとって特別な存在になりたい……とだんだんと欲が出てきてしまうもの。ましてパワーあふれるあなたのことですから、その気持ちの制御は難しいのではないでしょうか。

なぜＬＩＮＥができないのか

現在、あなたは彼に対する好きという感情だけが大きすぎるあまり、恐らく自分の発言や行動をきちんと認識できていないようですので、一旦冷静さを取り戻してもらうためにも、客観的にどう見えるかをお話しさせていただきますね。

まず、今のご時世では連絡先の交換は挨拶みたいなもので、そこまで特別なイベントではありません。特にLINEなんてミュートやブロックをすれば関係は即終了、簡単で気軽なツールのひとつです。相談文から推察するに、彼はそのお店で働いているようですし、彼の立場からすると、お客さんであるあなたを無下にはできないため、気持ちがなくても当たり障りのないやりとりをせざるを得なかったのかもしれません。

ところが、あなたは即レス必至……。よほど親しい友達や恋人でもないのに、毎回一瞬で既読がついて即レスが続いたらあまりの重さに身構えるでしょうし、奥さんがいる人からしたら頻繁に連絡がくること自体が迷惑になり得ます。だから、LINEができなくなったのでしょう。「電話の調子が悪くてLINEができなくなった」なんて断り文句を使っているあたりでも、それがひしひしと感じられます。

TPOをわきまえることは大事

次に、周りに人がいる状況で既婚者の彼に「好みのタイプ」を聞くというのは、基本的にやってはいけないことです。しかも、彼の勤務先で聞いたのだとすると、余計にいけません。逆の立場になって考えたときに、自分が真面目に働いている職場に押しかけてきて、既婚者だと周知されているにもかかわらず、他の人たちがたくさんいる中で「好きなタイプは？」と遠回しにでも聞かれたら、正直困りませんか？

人の目もあるし、自分は既婚者だし、でも大事なお客さんだからバッサリ切ることもできないし……と迷惑な存在だと思われるのも無理はないですよね。TPOをわきまえる、ということがあなたには少々足りないように感じました。

仮に彼があなたに好意を抱いていたとしても、「どんな人がタイプか知りたい！」「LINEは絶対即レス！」とガンガン突進すれば、「怖い！　おれの生活をぶっ壊す危険性のあるヤバい女かもしれないな!?」と思われてしまっても仕方がありません。

これは、たとえ彼が独身だったとしても同じです。好きな人に対して、積極的にアピールする、自分の気持ちを自分の言葉で伝える、というのはとても大事なことですが、相手の迷惑にならないことが前提です。誰が相手でも、他人との距離感、その詰め方を誤ってしまっては、上手くいくはずのものも上手くいかなくなってしまいます。

脈アリ？　それとも脈ナシ？

それから、あなたは諦めきれない理由として、周りに他の人がいるときといないときとでは彼の態度が違うとも書かれています。たしかに相手が結婚をしていない、彼女もいない男性で、二人きりのときは見せてくれる表情が違う、個人的な話もしてくれる、ということでしたら、「おっ！　これって脈アリじゃん？　わたしのことを口説きにきてんじゃーん！」とわくわくドキドキする気持ちはわかります。

しかし、その彼は結婚していて、さらに社会に出てそれなりに立場がある男性です。仕事中という前提があるのなら、たくさんの人がいる場でよそ行きの表情になるのも、状況に応じて建前や社交辞令を上手に使うのも、大人としてごく当たり前のことです。

目の前の言動だけを都合よく捉えるのではなく、その相手の背景も考慮したら、受け取る印象はかなり違ってくるのではないでしょうか。

相談文に書かれている彼の対応を見る限り、彼はあなたのことが好きだとか、奥さんと別れたいだとか、そんな風に思ってはいないようです。

誰だって、好きな人の言動を深読みしてしまいがちですし、自分に好意があると受け取りたくなるのは当然です。でも、彼もあなたのことが好きなら連絡を取ろうとするでしょうし、奥さんと別れてでも付き合いたければアプローチをしてくるはず。少なくとも電話の調子が悪くなってＬＩＮＥができなくなったなどとは言わず、別の連絡手段を講じるのではないでしょうか。

ポジティブさを有効活用して！

どうかあなたには、かっこいい女性になってほしいと思います。

何も恋愛が上手くいくことがかっこいい、恋愛が上手くいかないことがダサい、と言っているのではありません。たとえ恋愛が上手くいかなかったとしても、自分の感情がかたちを変えて納めどころがわかるまで長い時間付き合い続けることは、決してダサくありません。しかし、相手の迷惑や事情を顧みず、自分だけが満足できればいいという自分本位の思考に乗っ取られて悲劇のヒロインぶるのは、はっきり言ってダサい。

すでに彼に対してよくない印象を与えてしまったあなたが、最後にかっこよく終われる手段は、これ以上、彼に近づかずに潔く去ることではないでしょうか。

大丈夫、それだけポジティブにガンガン進んでいけるあなたなら、やり方さえ間違わなければ、かかわる人たち全員がちゃんとハッピーになれる恋愛ができますよ。好きな人にアピールできるところは、あなたの素晴らしい長所です。

ただ、先にもお伝えしたように、距離の詰め方と相手の背景をきちんと見定めることは、忘れないでくださいね。何事も、焦りは禁物です。きちんと縁のある人が相手なら、時間をかけて距離を縮めていくことも楽しめるはずです。

Q.5 子持ちの既婚男性と3年不倫しています。別れるべき？ 信じてそばにいるべき？

私には3年ほど付き合っている既婚の彼がいます。当初、彼は離婚すると言っていましたが、付き合い始めて4か月目頃に奥様にバレたことで離婚請求はできなくなりました。彼は大好きな子供たちが成人するまでは調停や裁判などはしたくないようで、私はいつか離婚してくれるなら……と別れられずにいます。何度か別れなければと考え、彼からもこれ以上苦しませたくないと言われましたが、別れることのほうが苦しいので、「別れないで」とお願いしてしまいました。

実は彼の友人や子供たちにも私とのことはオープンにしています。二人で定期的に旅行に行きますし、避妊はせずに子作りをしています。このままでいいのか……と自問自答する毎日ですが、彼に健康上の問題があって入院したときですらお見舞いに来ない奥様との結婚生活はどうなっているのか、疑問に思います。

私は彼と別れるべきでしょうか。5年後、子供たちが成人したら状況が変わるのを信じてそばにいるべきでしょうか。（34歳、女性）

A.

ウーン、不倫ですか……。

まあ、不倫の善悪についての議論はワイドショーあたりにお任せして、ひとまず置いておきましょう。わたしはあなたの彼の奥さんではないので「この泥棒猫！　さっさと夫と別れなさいよ！　ぶっ殺してやる！」なんて言うつもりはありません。

また、「そんな男とは別れちゃいなよ！　もっといい男がいるよ！」と励ましたり、「そっかぁ……つらいよね……好きなら彼のことを待ってあげたら？」なんて応援したりすることもできません。あなたと彼が不倫に至った経緯も、彼と彼の奥さんとの関係性も相談文からは読み取れないので、一方的な決めつけだけで味方にも敵にもなることはできかねます。

だから、ここでは、わかっている限りの現実的な状況について、わたしの客観的意見を交えてお話しさせていただきますね。

義務を果たさず権利を主張しない

そもそも、不倫って、配偶者の秘密裏に関係性を深めることが、最大にして唯一の醍醐味なのではないでしょうか。

夫婦という関係では、お互いの見た目や性格だけでなく、仕事や住居などの生活に関することと、収入や貯蓄などのお金に関すること、子供の教育や親の介護など、当事者以外のことにも向き合っていく必要があります。正直に言ってしまえばかなり面倒くさいですし、義務に等しい事柄が多いのでときには衝突することだってあります。

一方、不倫はそういったことを全部抜きにした、むしろそれらから逃げている状態で「ベッドの上でこんな風に甘えてくる彼を知っているのはわたしだけ」「家では家庭的なパパかもしれないけれど、わたしの前では情熱的な表情を見せてくれる」という背徳感があるからこそ興奮するものでしょう。だから、彼の奥さんにバレた時点で、あなたが奥さんに優越感を抱ける部分は何ひとつとしてないのです。

彼女がいる男性と付き合っている女性からの相談でもお話ししましたが、彼女がいる男性のセフレや結婚している男性の愛人など、いわゆる〝二番目の女〟になるには才能が必要です。「面倒なことが一切なくてラクチ〜ン！」「ただ甘やかされるだけのいいとこ取りだけできてる関係はサイコー！」くらいの余裕を持てず、「いつか一番になりたい……」と思っている時点でその関係は破綻しています。〝二番目の女〟としての地位を楽しめないのなら、あなたは不倫に向いていないと思います。

そして、本人たちがいくら彼氏彼女の関係だと言い張ったとしても、世間から見れば所詮は不倫相手。面倒なことである義務を果たしていない時点で、権利を主張してはいけないのです。

ですから、彼と彼の奥さんとの結婚生活に口を出す権利は、あなたにはありません。不倫の事実を知っていながら離婚しないこと、配偶者が入院したにもかかわらずお見舞いに来ないことは、夫婦で話し合って決める部分だということを忘れないでください。

子作りに関しても同様で、あなたは今避妊すべき立場です。不倫で盛り上がっている人の「出会う順番が違っただけ……」という常套句がありますが、真実かどうかは別にして、その順番とやらを守らなければいけないと思うのですが？　あなたは「このままでいいのか？」と自問自答していると言っていますが、それだけでは不十分です。「権利だけ主張する自分は幸せになれるのか？」と別の自問自答もしてほしいと思います。

認められているとは限らない

彼の奥さんが不倫の事実を知っていながらも離婚しないのは、不倫容認派であなたと彼の関係に対して好意的だからなのか、それとも子供のことを考えて躊躇しているからなのか、妻としての意地なのかは、奥さん自身にしかわからないことです。

でも、もしかしたら「結婚を夢見て不倫なんてしてるの？　ＡＴＭとしては優秀な男と離婚なんてしてやるもんですか！　永遠に待ち続けていればいいのに〜！」と憐れまれて、バカにされている可能性だってあるのです。

周囲の反応も同じ。彼の友人に紹介されて受け入れられていると感じているかもしれませんが、世間的によくないこととされている不倫を堂々としている人たちに、わざわざ正論でぶつかっていく人はあまりいません。大人は本音と建前が使い分けられますし、自分の人生に関係のないことに対して本気で向き合う必要はないのですから。

彼の子供だって、それなりに自分の意志と主張はあるのでしょうが、物事の善悪の判別や社会的な良識に関していえば、まだまだ発展途上です。

ですから、周囲の反応が全て正直な意見だと思い込んで、それにすがって自分は認められていると思い込むのは、あまりにも滑稽ではないでしょうか。

嘘も言い訳も、無意識であるほど直らない

彼を好きだという気持ちが大きいせいで、自分がどういう行動をすべきかわからなくなっているのかもしれませんが、彼が「信じるに値する存在」かどうかについても、も

う一度よく考えてほしいと思います。

「これ以上苦しませたくない」だ？

子供が大好きなパパだ？

わたしからしてみれば、「おれだってつらいんだ！」とでも言いたげで、「ずいぶん、ご自分に酔っていらっしゃって、さぞ気持ちのいいことでしょうね～？」と思いますし、「ほんとうに子煩悩なパパなら、女を抱かずに子供と公園に行ったり宿題を見てあげたりすることに時間を費やすだろうが！」とも思います。言っていることとやっていることが違いすぎて、あまりの不誠実さに片腹が痛ぇ痛ぇ～。

嘘をつく人間、言い訳をする人間、順番を守れない人間、大切な人を蔑ろにする人間は、無意識であればあるほど直らないのです。彼が今、周囲の人にしている不誠実な行動の数々を、あなたにもいつかするかもしれないということを忘れないでください。

自分で自分を幸せにしよう

今のあなたに、もしかしたらわたしの言葉は届かないかもしれません。それどころか「なんだ！　偉そうにわかったようなことを言って！」と腹を立てるかもしれません。

でも、耳を塞がずに、せめて頭の片隅にでも置いておいてください。

わたしはあなたに堂々とした日々を送ってほしいと思います。

堂々とした日々とは、不倫をしている事実を周囲の人たちにオープンにすることや、不倫をやめて独身男性と付き合うことといった形式的なものではなく、あなたが自分自身に胸を張って過ごせるということ。

誰を恨んで誰にすがったらいいのかわからない場所から一歩踏み出し、無責任な男性に自分の人生を委ねず、周りからの評価に惑わされず、大きな声で愛する人の名前を呼べる場所で、背筋を伸ばして、深く息を吸い込んで頭をクリアにさせてから、どんな自分が一番幸せなのかを、あらためて考えてみてください。

人は、誰かに幸せにしてもらうのでも、誰かのそばにいることで勝手に幸せになれるのでもありません。自分で自分を幸せにしてあげるのです。そうすれば、あなたの周りにはあなたが大切だと思う人やあなたを大切に思ってくれる人が集まり、自ずとその人たちと幸せを共有できていくものなんですよ。

自分で自分を幸せにすることに早い遅いもない、何度でも失敗したっていい、いつでも取り戻せます。「どうしたらいいのかわからない」と悩んでいる今が、自分で自分を幸せにするための踏ん張りどきではないのでしょうか？

第4章

恋人との関係

Q.1 彼が好きすぎて重い女になりました。依存しないためには、どうしたらいい？

付き合って3年半になる彼氏がいます。付き合い始めたのは、いい人だし付き合えそうだから、という単純な理由でした。しかし、ケンカを乗り越えたことなどを経験して、どんどん好きになって、素の自分が出てしまい、今では彼氏のことを四六時中考えるような、とてつもなく重い女になってしまっています。

お互いに学生ですが、会うたびくらいに結婚してほしいと思ってしまい、つい彼氏にも言ってしまいます。彼氏は「早いよ（苦笑）」くらいの対応です。

最近は、ひとりになったときなどに、彼氏がいなくなってしまうことを想像しただけで、涙が止まらなくなります。特に趣味もないですし、彼氏に依存しすぎていて今後が不安です。どうしたらいいですか？（21歳、女性）

A.

いや〜、相談文からもしっかりと重みが伝わってきます。こう、ずっしりとくるというか……さらにジメジメとした湿り気も感じますね……。

せっかく大好きな彼といい関係を築いてきたのですから、軽やかでさらっとした心を持てるようになりましょう！

あなたの考え方と捉え方の問題

彼のことが大大大好きで、その気持ちを言葉や行動で伝えているのは、とても素晴らしいと思います。わたしも結婚生活の中で身をもって実感していますが、好きな気持ちは出し惜しみせずにガンガン出していって、損をすることはひとつもありませんからね。だから、彼にはこれからも「好き好き大好き！」「ラブが永遠にとまらないぜ！」「ハァ〜あなたへの愛は天井知らず〜!!」と、もったいぶらずに伝えてほしいと思います。

でも、本来であれば彼に対する愛情があふれていることで心がプラスに向くはずなのに、マイナスの方向にばかり進んでしまうのは、ちょっと危険ですね。

たとえば、「ずっと片思いをしていた彼に告白したけれど振られてしまった」「長く付き合っていた彼と別れてしまった」など、恋愛において落ち込むイベントが発生したのであれば、這い上がり方や傷の治し方を知るために、とことんマイナスの方向に全力疾走して突き当たった壁に一度手をついてみることも、ときに必要だと思います。

しかし、現時点であなたは大好きな彼と付き合えています。そして、同じように彼もあなたのことが大好きなのでしょう。絶世の美女が突然ライバルとして現れたとか、彼が浮気を繰り返しているといった不安要素もなく、傍から見たらとても幸せいっぱいの充実した状況ですよね。

それなのに、あなたは自らマイナスの方向に進もうとしている。それは彼との関係がどうこうというより、あなた自身の考え方・ものの捉え方の問題のように感じます。

主語を「彼は」「彼が」にしない

「彼がいなくなってしまったら……」という不安から泣いてしまっているようですが、そんなことをしても事態は好転しません。

何も変わらないどころか、マイナス思考にますます引きずられて抜け出せなくなり、そのせいで彼との関係にも影を落とす結果に繋がったりと、悪化する可能性のほうがずっと高いのです。

考え方を変えるのはとても難しいことですが、もう少し気持ちに余裕が持てるようになったほうがいいと思います。あなたはすでに「彼に依存している」という自覚があるようですので、依存から脱却するマインドについてお話しさせていただきますね。

まず、彼は彼、あなたはあなた、それぞれ一個人として切り離しましょう。

彼とあなたは別の人間。だから、あなたは主語を「彼は」「彼が」にしてはいけません。「彼はこうだから」「彼がこう言ったから」ではなく、「わたしはこう思うから」「わたしがこうしたいから」と、自分の人生を主軸に考えること。

あなたの人生の中に彼を取り込もうとか、彼の人生の中に自分が入り込もうとかするから、依存してしまうのです。あくまでも、あなたの人生と彼の人生の一部が重なるものだと考えてください。

彼にあなたの人生の責任を委ねるようなことをせず、自分のために、自分で考えて、自分で決断して、自分の足で歩くことが今のあなたには必要です。

素の自分を出すということ

そして、素の自分を出すということを勘違いしてはいけません。

嘘をつかない・誤魔化さない・どんなに下手くそでも相手と向き合う、という解釈のもとでお互いのために素の自分を出すべきであって、「素の自分を出す＝全体重を預ける・全てを理解してもらう・全てを許してもらう」というつもりで接することは、相手を大切にしていないと思われても仕方のない行動です。

あなたがイメージしているであろう〝素の自分を出す〟のままだと「こんなに自分のダメな部分や、他人に理解してもらい難い部分を全てさらけ出しても、ずっと好きなまでいてくれる人とは、これから先の人生でもう二度と出会えないに決まってる!!」と雁字搦めになって、どんどん身動きが取れなくなってしまうだけでなく、「自分がそうしているから彼も同じようにさらけ出してくれるはず」「言わなくてもわかってもらえるはず」という一方的な期待に繋がっていきかねません。

その結果、勝手に大きくしてしまった彼への要求と、気づかぬうちに生まれてしまった彼に対する傲慢さが、そうなってほしくないと願っていたはずの、別れという悲しい未来に繋がってしまうのではないでしょうか。

今を楽しめれば未来も明るい

わたしは自他共に認めるスーパーポジティブ人間で、ネガティブな人の気持ちは想像することしかできないのですが、ネガティブな人ほど想像力の豊かさゆえに、過去の失敗の記憶から様々な悪いイメージを未来に投影し、その結果、不安に飲み込まれて今を生きることが苦しくなっているように思います。

あなた自身、ネガティブだという自覚があるのであれば、過去の事実にとらわれること、不確定な未来を決めつけることをせず、〝今〟に目を向けるべきです。

未来は、今が地続きになって作られていくものです。

これから先、現在のあなたのマインドのままで彼と結婚できたとしても、それは大好きな彼との二人きりの世界でも、人生のゴールでも、ハッピーエンドが確約されている物語でもありません。むしろ、結婚してからのほうがあなたにとっての〝未来〟です。そこから人生の様々な場面で正常な判断を下し、山を乗り越えるため、壁をぶち壊すため、危機をくぐり抜けるため、大切な人を守るために、あなたの〝今〟が重要になってくるのではないでしょうか。

悩んでも結論の出ないことに悩んで〝今〟を疎かにしないように。〝今〟をお互いが楽しく思いやりを持って大切に過ごしていれば、未来はちゃんと〝今〟と同じように楽しくて思いやりにあふれるものになりますよ。

どうなるかわからない未来に怯えて泣いている暇があったら、あの手この手で大好きな彼への前向きな愛を〝今〟、伝えてくださいね。

Q.2 連絡をくれない、好きと言ってくれない、そんな彼と遠距離恋愛をしています

遠距離恋愛で交際4か月目です。月1回会うときは、彼が来てくれるので感謝しています。でも、彼はLINEの既読スルー常習犯で、マメに連絡をしない人。そのせいもあり、女性と距離が近い彼のSNSの写真を見ると不安になります。LINEや電話で「好きだ」と伝えても、なかなか気持ちを返してくれません。

先日、私は遠距離で連絡が少ないと不安になるため、気持ちを伝えてほしいと電話で伝えたところ、「正直、面倒くさいと思った。なんとかしてみる」と返ってきました。彼は人は人といった割り切ったドライな考え方で、私は妥協してでもお互いの考えを擦り合わせられたらと思っています。

最近は些細な連絡にもイライラすることがあり、今まで通りに接する自信がありません。それでも彼が好きと思う瞬間も多々あって……。直接会って話していないので結論を出せずにいます。今後、彼とはどう付き合っていくべきなのか、不安な気持ちをどう整理するのがいいのか、うかがいたいです。(21歳、女性)

A.

遠距離恋愛か〜！

遠距離恋愛ってさぁ……つらいよね……わかる、わかるよ……。

わたしも夫との交際中に1年ほど遠距離恋愛をしていましたが、マジでマジでマジでつらかったです。今思い出しても、「よく耐えたな‼　わたし‼」と自分で自分を賞賛したくなるほど。ちなみに、わたしと夫が遠距離恋愛期間中に会えたのはたったの3〜4回。別れのたびに寂しくて、空港で顔面が溶けるほど号泣しておりました。

未だに駅や空港で別れを惜しむカップルを目にすると、あの頃のつらさを思い出して「わたしが交通費を出してあげるから！　親や職場にも代わりに電話しておいてあげるから！　もっと一緒にいなよ！」と声をかけてしまいそうになります。

遠恋にもいいところがある

遠距離恋愛って、近距離恋愛に比べると簡単に会えないこともあり、関係を継続させることが難しいように感じますよね。

連絡がないと相手が何をして過ごしているのか詮索したくなる、SNSを見ては勝手に勘繰ってヤキモチを妬いてしまう、ケンカをしたあとに仲直りしたくて直接会って謝ろうにもそれができずに無駄に長引いてしまう……あなたも言っている通り、これらは遠距離恋愛経験者にとっては〝あるある〟なのではないでしょうか。

ちょっと相手に腹が立つことがあったときに、顔を見て「マジイケメン～！　顔が好きすぎるから全てを許せる!!」とはならないし、会って抱きしめ合ったら解決できる程度の些細ないざこざでも拗らせてしまうこともある。言ってしまえば、仲直りのハードルは上がるし非効率的です。

でも、遠距離恋愛にだってメリットはあります。

会えないからこそ、仲よく付き合い続けるために、相手の気持ちをより深く慮ったり、言葉を大切にしたりするようになれるかもしれません。

たとえば、「会えなくても、わたしたちだったら絶対に大丈夫だよね」と励まし合う、表情や雰囲気で察してほしいだなんて思わずにきちんと話し合いをする、それぞれに生活があるということを理解できる、相手が不安にならないように自分の気持ちを伝えるなど、考え方次第では能動的にプラスの方向に持っていけます。

遠距離恋愛だから上手くいかないと悲観的になる必要はありません。遠距離だからこその相手を思いやる術をたくさん知っておき、もしも将来的に物理的距離が近くなったときのお付き合いに活かしていけるようにしましょう。

圧倒的に時間と言葉が足りない

4か月という交際期間の短さで、会えるペースが月1回ということは、あなたと彼が今までに直接会った回数はかなり少ないのではないでしょうか。となると、あなたたちは相互理解がまだあまり深まっていないのでは……と思います。

あなたはマメに連絡を取り合いたいし頻繁に好きだと気持ちを伝えてほしい、彼は連絡を取り合うのは億劫であまり好き好きと言うようなタイプではない、といった温度差があることからも、それが感じられます。

彼の恋愛観をドライだと感じ、自分の考え方とは異なった価値観だから寄り添うことは難しいと落胆しているように見受けられましたが、果たしてそうでしょうか？

たしかに、彼は既読スルーの常習犯で、言葉での愛情表現も少ないかもしれません。あなたが寂しくて不安に思う気持ちもわかります。でも、彼は少なからず負担になるであろう〝毎回、自分が会いに行く〟という行動をしていますよね。そんな彼からしてみたら「え？　結構おれは頑張ってるんだけどな……」「連絡のやりとりがマメじゃない分、必ず会いに行ってるし……」という気持ちになっている可能性も考えられます。これはあなたが望んでいる「お互いの考えを擦り合わせる」という行動のひとつではありませんか？

お互いが心地よくいられる中間地点を目指しているのに、相手の行動の理由に想像が至らず、すれ違いが生じてしまっていますよね。

あくまでもわたしの意見に過ぎませんが、客観的にそう見えているという部分から、「自分たちには圧倒的に時間と言葉が足りていない」という自覚を持ってほしいと思います。遠距離恋愛だから、あなたたちカップルは早い時期に問題が露呈しているのだと思いますが、付き合う上での価値観や習慣の違いは近距離であってもいつかはぶつかる問題です。遠距離だろうと、近距離だろうと、恋愛はお互いが同じ方向を向いて努力しなければ上手くはいかないものですよ。

とことん面倒くさいことをしよう

まずは、お互いが同じ方向を見るための話し合いをしましょう。

今のあなたたちにとって、同じ方向を見るというのは、片方だけが無理や我慢を強いられることなく、お互いが納得して歩み寄った結果、遠距離でも楽しく穏やかに過ごせる関係になること、ではないでしょうか。

そのために、ぜひ一度、自分の中で譲れること、相手に最低限守ってほしいこと、譲れないこと、その理由を整理してみてください。きちんと整理ができたら、彼と直接会ったときに伝えてほしいと思います。

電話やＬＩＮＥで自分の気持ちを伝えることはもちろん大切ですが、直接会って相手の顔を見ながら自分の言葉で伝えなくてはいけない場面は絶対にあります。

あなたにとって、それは今なのではないでしょうか。

もしかしたら、彼に「面倒くさい！」と突っぱねられてしまうかもしれません。

でも、そのときは「これから面倒くさいって思わないようにするために、今のうちに面倒くさいことをとことん話し合っておこうよ！」と言ってやってほしいと思います。

遠距離恋愛を上手くいかせるためのコツとして、なんでもかんでも不安に繋げない、日常で生じてしまった小さな不安を自分の中で勝手に大きくしない、ということはとても重要です。

しかし、今後の付き合いの根幹にかかわる重要な問題や、すでに大きくなってしまった不安は見て見ぬふりをせず、しっかり話し合って原因ごと取り除く必要があるということを、肝に銘じておいてください。

Q.3 女性声優のライブに行く彼を許せない。我慢すべき？　それとも伝えるべき？

現在、6歳上の男性とお付き合いしています。彼のことは好きですし、譲り合いながらお付き合いしています。ただ一点、どうしても許せないことがあります。彼はアニメや漫画が好きで、15年程ずっと女性声優が好きです。このことを付き合い始めてから知った私は、すぐに別れようかと思ったのですが、彼のことは好きなので、「グッズは買わない」と約束してもらってお付き合いしています。本当はライブにも行ってほしくないですし、CDも買ってほしくないです。

今はお付き合いしている段階なので、彼が稼いだお金を好きなものに使うことに口出しをしたくありません。ただ、お互いに結婚も考えており、結婚後は声優関係にお金を使うことは絶対に許せないと思います。まだ具体的な話は出ていませんが、それは無理と彼が思っている場合は、早めにお別れしたほうがよいのかなと思っています。彼のことは好きですし、できれば結婚したいので、私が我慢し続けたほうがいいのか、伝えるべきかとても悩んでいます。（24歳、女性）

A.

せっかくの機会ですから、変に取り繕ったりせず、本音を明らかにしたほうがいいですよね。

公の場では少々言いにくいであろうことを、オブラートに包んだ表現で書かれているように感じましたが……すみません、そのオブラートは破いて中身を見させていただきますね。

あえてはっきり言わせていただくと、あなたは「趣味にお金を使うのが嫌！　結婚して一緒に生活することを考えたら無駄遣いしてほしくない！」ではなく、「彼氏が声優を好きだなんてなんかオタクみたいで嫌！　しかも、それにお金を費やしているなんてあり得ない！」ってことを言いたいのではないでしょうか。

相手をコントロールしてはダメ

たとえば、生活費もままならないくらい趣味にお金を注ぎ込んで貯金がゼロ、声優のライブで全国遠征するためにしょっちゅう仕事をサボる、などでしたら、将来を見据えて結婚を考えたときに、彼に文句を言いたくなる気持ちもわかります。何事も度がすぎているのはよくないですからね。

でも、相談文から読み取る限り、そういうわけではなさそうです。

ファッションや映画鑑賞、海外旅行、写真など、あなたが自分の周りの人に彼の趣味を説明するときに格好がつくような、あなたが理想とする崇高な趣味なら文句はない、と言っているようにわたしには聞こえましたが、いかがですか？ だとしたら、それは紛れもなく、あなたのワガママだと思います。「絶対に許せない」とまで言うくらいですから、声優好きの人が生理的に無理なのでしょう。彼のことが好きで結婚を考えていらっしゃるようですが、あなたに歩み寄ろうとする姿勢があるとは思えません。

あなたは「私が我慢し続けたほうがいいのか」とも仰っていますが、ずいぶん自分〝だけ〟という意識を持っているんだなぁ、という印象を抱きました。むしろ、彼はすでにあなたが嫌がるからというだけの理由でグッズの購入を我慢しているということ、忘れていませんか？ 相手を自分の理想とするかたちにしようとコントロール（支配）するのは、よくないですね。

我慢も妥協も自分〝だけ〟ではない

よく「結婚＝我慢の連続、妥協の積み重ね」と言われます。何も結婚にそんなに楽しくなさそうなイメージを植え付けなくても……とは思いますが、我慢も妥協もゼロでお互いが好き放題やっていても結婚生活は維持できるか？　と聞かれたら、たしかにそれは無茶なんですよね。だから、多少なりとも我慢も妥協もせざるを得ないのですが、極端であってはいけないとわたしは思います。

我慢とは、辛抱すること、堪えることの意であるため、どちらかが「自分〝だけ〟が我慢している」と思っている時点で、いずれ関係が破綻することは目に見えています。自分が我慢をしている分、相手も自分と同じだけ、もしくはそれ以上に我慢しているということを忘れてはいけません。

妥協も我慢と同じで、自分〝だけ〟と思ってはいけないものですし、妥協するにしても「納得はしていないけれど、面倒だし相手に従っておこうか」と諦めるのではなく、新たな問題が生じるたびに話し合うことを怠らず、歩み寄る姿勢を見せ続け、最終的にお互いが納得できる落としどころを見つけることが重要なのではないでしょうか。

大切なのはあなたが彼とどんな関係を築いていきたいか、そしてそのためにどう彼と向き合っていくか、です。

気に入らないことが生じるたびに片っ端から排除しようとしている今のあなたのままでは、誰が相手でもいい関係は築けないと思いますよ。

好きな人には幸せでいてほしいはず

彼が声優を好きなことに対して、「どうしても許せない！　生理的に無理！」と思ってしまっているのなら、それはあなたの価値観でもう仕方のないこと。頑張ったからといって、矯正できるものでもないでしょう。

しかし、絶対に無理だと決めつける前に、一度偏見をなくして、フラットな状態で物事を考えてみてください。

恋人や配偶者って、自分の好きな人ですよね。自分の好きな人には、ＱＯＬをブチ上げて、機嫌よくハッピーに過ごしてほしくないですか？

そういう意味でも、趣味はとても大切なものです。趣味は自分のＱＯＬを上げるために楽しむものであって、「他人によく思われたい」「他人に知られたら恥ずかしい」という考えありきで誰かのためにするものではありません。周りの人間から見て、それが格好つく／つかない、許す／許せないなどといった評価を下すべき対象でもないのです。

あなたの彼のように、マナーを守って周囲に迷惑をかけず、自身の生活レベルに合った範囲内で、趣味というＱＯＬを上げるためのツールを持っていることは、とても素敵だとわたしは思います。

肯定することで世界が広がる

恋人でも配偶者でも友達でも、相手を否定することって実はとても簡単で、肯定することのほうがよっぽど大変なんですよね。でもね、他人を肯定できる自分になることは、最初は難しくても一旦できるようになれば、否定する自分でいるよりも、生きていく上ではずっとラクチンなんです。

世の中にはいろいろな人がいます。今まであなたが知らなかったことを知っている人、趣味嗜好が合わない人、環境が違う人。そういった人たちの自分との違いを肯定的に捉えることで、凝り固まった勝手なイメージや決めつけなしのフラットな目線で相手と接することができ、徐々に相手を肯定できるようになります。その積み重ねをしていくうちに、あなたの本質を誰かに肯定してもらえることにも繋がるのです。

世界というのは、そうやって広がっていくのだと思います。否定という〝ふるい〟にかけて作りあげた小さな世界よりも、肯定という大きな受け皿の上にできあがった世界のほうが、よっぽど面白くて居心地がいいんですよ。

あなたがどんな決断を下すにせよ、彼のことが好きなら、まずは試しに彼の趣味を丸ごとひっくるめて、肯定的に捉えてみてはいかがでしょうか。

Q.4 彼氏が他の女の子とイチャつきます。浮気されないかどうか心配です

私の彼氏は、女の子に思わせぶりな言動をします。たとえば、LINEで「髪切ったよ」的な自撮りをもらうと「めっちゃかわいい！」と返すなど、「本当は気があるでしょ」と言いたくなるようなやりとりばかりしています（彼の承諾を得て、スマホをチェックしています）。彼は「その気はないし、冗談を言える仲だから」と言うのですが理解できません。他にも、まだ元カノの服や下着が家に大量にあったり、元カノとのツーショットがスマホのホーム画面になっていたり、「このラブホ、行ったことある」と言わなくてもいいことを言ってきたりします。

彼が私を好きなことも行動でわかるので複雑な気持ちです。何度も思わせぶりな態度はしないでと伝えていますが、悪気や自覚がないみたいで理解できないそうです。「なぜそこまで怒っているのかわからない」と言う程です。そんな彼を信用するためにはどうすればいいでしょうか。浮気をされたわけではありませんが、その予兆を感じて、いつも疑いの目で見てしまいます。（25歳、女性）

A.

もう〜スマホなんて見るからだよ〜!!

他人のスマホを見ていいのは、重大事件が起こったときに捜査令状が出た警察だけ!!　それ以外は!!　何があろうとも!!　絶対にダメ!!

「彼を信用するためにはどうすればいいでしょうか」と相談文にありますが、ここから彼のことを信用するのって……かなり無茶じゃないですか……？

スマホを見る前に時間を巻き戻すことはできないので、彼に対する疑念は拭えないですし、恐らく一生、猜疑心《さいぎしん》に苛《さいな》まれながら過ごし続けなければなりません。きっと、耐え切れずにまた彼のスマホを見てしまい、それによってあなたの不安はますます大きくなっていくという、負のループに陥ってしまうと思います。

いつかの浮気より今が問題

まず、さっさと拾って捨てればいいだけの元カノの服や下着が家に大量にあったり、指でススッとやれば数秒で変えられるスマホのホーム画面が元カノとのツーショットのままだったりというエピソードから、客観的に見て「それは元カノではなく、今お付き合いしている女性では？」「そもそも、あなたはほんとうに彼女なのだろうか？」とわたしには不可解に思えるんですよね。

まあ、それはそれとして、相談のテーマである「彼の女の子に対する言動が気になる」という部分を主軸に話を進めさせていただきます。

彼は女性とのやりとりに限らず、日常的にあなたを不安にさせる言動をしているようですね。「彼がわたしのことを好きならそれでいい！　あとは何も気にしない！」と割り切って、家で発見した元カノの服や下着を「こんなの着てんの!?　ダッサ!!」と言いながら片っ端からガシガシとゴミ袋に放り込んだり、彼が元カノと行ったことのあるラブホテルにあえて入ったり、そういった強靭なメンタルの持ち主にでもならなければ、彼と楽しくお付き合いを続けていくのは難しいと思います。

また、「いつか浮気をしてしまうんじゃや……」と心配になる気持ちもわかりますが、不確定な未来を不安視するより先に、現時点で彼があなたを日常的に不安にさせていること自体を問題視すべきではないでしょうか。

彼は信用に値するのか

もちろん、女性に対して軽薄で、呼吸をするように「かわいい」だの「好き」だのとドキッとさせてしまうような発言を繰り返している男性でも、お金と時間があり余っていて女性にモテモテの男性でも、浮気をしない人は絶対にしません。

逆に、どんなに忙しくて時間がなくても、どんなに生活が苦しくて遊ぶお金がなくても、どんなに束縛が強い彼女がいて監視の目が厳しくても、知恵を働かせ、あの手この手で工夫を凝らしながら合間を縫って浮気をする人は絶対にします。

だから、今回の問題で焦点を当てるべきは「いつか浮気をしてしまうのではないかと不安になるような言動をする」ところではなく、「彼女が嫌がっていることを理解できず、理解しようともせず、平気でやっている」ところですよね。

これは、彼女以外の女性への接し方や元カノの対処の仕方だけではなく、万事に通ずること。恋人や配偶者が「これが嫌だから、やめてほしい」と言っていることに対して、本来であれば「そんなつもりはなかったんだけど、君が嫌だって言うならもうしないよ。これからは気をつけるね。ごめんね」と続けるべきところを、「そんなつもりはない。だから別にいいじゃん」と切り捨ててしまう人は、それこそ信用できないですよね。

あなたに信用してもらえるような行動を一切とろうとしない彼のどこが好きなのでしょうか？　〝信用〟や〝信頼〟というのは相手あってのことなので、しようと意識してするものではないですし、ましてやどちらかひとりだけでできるものでもありません。

信頼関係というのは、相手の言動や自分が投げかけたアクションへの対応を見て、少しずつ築いていくものです。あなただけがいくら彼に対して言葉を尽くし、歩み寄る姿勢を見せ、彼の考えを理解しようと努力しても、悲しいことにそれだけでは信頼関係は築けませんからね。その彼は〝信用〟や〝信頼〟に値する存在なのか、そしてそれを求めてもいい対象なのか、現実から目を逸らさずに一度考えてほしいと思います。

肝心なのは大切にされているか

あなたは、「彼が私を好きなことも行動でわかるので複雑な気持ちです」と仰っていますが、その具体例が書かれていないので、どんなものなのかは、わたしにはわかりません。

でも、それがしょっちゅう「かわいい」「好き」と言ってくれるとか、夜中に「会いたい」と言ったらわざわざ会いに来てくれるとか、連絡をマメにしてくれるとか、誕生日や記念日に欲しかったものをプレゼントしてくれるとかなのであれば、他の女性にしていることとなんら変わりはないですよね。

肝心なのは、あなたが彼にちゃんと〝大切〟にされているか、です。

言葉の成り立ちはさておき、あくまでもわたしの個人的な解釈をすると、〝大切にする〟というのは〝切〟という字が入っているくらいですから、自分の身を切るというイメージがあります。〝好き〟という一方通行な気持ちだけを捧げるのではなく、相手のことを心から想っているからこそ、誠心誠意を尽くし、自分のポリシーを多少は変えてでも相手のために自分が持ち得るものたちを渡すことが、〝大切〟な関係に繋がるのではないでしょうか。

あなたは、彼にちゃんと〝大切〟にされていますか？　そして、あなたはそんな彼のことをこれから〝大切〟にすることができますか？

一度、ゆっくり考えてみてください。

信用が生まれない関係、大切にし合えない関係というのは、とても虚しいものです。「彼のことが好きだから、彼がわたしを好きでいてくれたらそれでいい、他のことはどうでもいい」と、悲鳴を上げている自分の心に鈍感になって今の彼との関係を続けるのか、それとも一時のつらくて苦しい瞬間を覚悟して、きちんとした信用が目に見える新しい生活を手に入れるのか。

あなたなりに〝大切〟という言葉の意味を踏まえた上で、あなたが自分の心を〝大切〟にできる選択をしてほしいと思います。

Q.5 まだ好きだけれど別れるべき？ いつも怒鳴る彼と半同棲しています

現在26歳、同じ職場の2歳下の彼と付き合っています。半同棲状態ですが、実は別れるか続けるかで迷っています。付き合い始めて1年も経っていませんが、ケンカが多く、私の言葉を曲解して食器を乱暴に置いたり、こちらが折れるまで「俺は間違っているか」と大きな物音を立てたりします。私が座っているソファの隣を蹴りつけ、後ろのほうに箸を投げつけ、「お前が改善しないのが悪い」「謝る態度じゃない」とも言われました。あまりに高圧的な態度なので私も負けたくなく、これから気をつけようと思っている点、でも暴力的で怖いこと、彼に改善してほしい点をＬＩＮＥで伝えましたが、「謝る側が要求してくるのはおかしい」と言い、改善するという言葉は聞けません。

まだ半同棲を続けていますが、体重が2kgも減り、何をしても怒られると思うと怯える気持ちが消えません。まだ好きなのですが、別れたほうが身のためかなと思います。ものすごい愛さんは、どう思われるでしょうか。（26歳、女性）

A.

今回は結論から先に言わせていただきますね。
その彼とは今すぐ別れましょう。

時間をおいて彼が変わる努力を見せたとしても、やさしい人になったとしても、あなた自身が大丈夫だと思っても、どんなに寂しくても、彼との関係をなくしたくないだなんて思わないでほしい。どうか、あなたの世界から〝彼〟という存在を消してください。

DVやモラハラには絶対NOを

暴力は、悪いことです。

たとえば、自分の子供が他人に危害を加えようとしているときに止めに入って押さえ込む、自分の大切な人が危険にさらされているのを助けるために相手に激しく抵抗する。これらは正当防衛となり得ますし、自分の子供が道を間違えないように守るため、自分の大切な人の命を守るためのものです。自分の行動に責任を負い、理由と葛藤があってこその行為で、暴力ではないとわたしは思います。

しかし、彼がやっていることは自分の弱さを隠すため、チンケなプライドを守るため、力を誇示してあなたに恐怖心を与えるため、自分の思い通りにあなたをコントロールするための暴力行為で、自分本位で責任すら負っていない、あなたへの思いやりも何もない、最低最悪なもの。

直接的な言葉を使うことで、とてもしんどい気持ちになるかもしれませんが、あなたが置かれている状況がどれほど危険なものかをわかってもらうためにも、あえて言わせていただきますね。

あなたが彼にされていることは、「デートＤＶ」と呼ばれているものです。デートＤＶとは、交際中のカップルの間で起こる暴力のことです。

暴力にはいろいろな種類があります。殴る・蹴るといった直接的な攻撃がなかったとしても、大きい音を出す、家具を蹴る、物を投げるなどして恐怖心を与えることは身体的な暴力に含まれます。他にも精神的な暴力や、経済的な暴力、性的な暴力もありますが、いずれにしても暴力はエスカレートしやすく、とても危険です。

〝我慢しなくていい〟のではありません、〝我慢してはいけない〟のです。

やさしい気持ちを向ける必要なし

人間には誰しも、いいところと悪いところがあります。

きっと出会った当初の彼にはいいところがあったから付き合ったのでしょうし、悪いところに気づいてもなお、いいところが見えているから嫌いになりきれず、別れに至っていないのでしょう。

もちろん、相手のいいところにしっかりと目を向けて常に魅力を感じることは大切ですし、悪いところばかりを見て相手を否定しないほうがいいですよね。でも、許してはいけないほどの悪いところを見ないように蓋をして誤魔化し続けていると、だんだんと視界が曇って心の傷にも鈍感になり、自分を守れなくなってしまいます。

あなたは、自分にも悪いところがあると仰っていますが、そんなのは誰だってそう。暴力を振るっていい理由にはなりません。あなたは自分の非を認めて謝罪し、彼と話し合い、改善しようとする姿勢を見せるなど、人と付き合う上でとても大切なことをしています。わたしは、人と向き合って自分の気持ちを自分の言葉で伝えることは、何よりも大切なことだと思っているので、あなたのその姿勢はとても素晴らしいと心から尊敬します。

しかし、それは前提として相手が〝人間〟であるからすべきこと。

彼は、それができない、しようとすらしていないモンスター。

モンスター相手に、あなたの真摯でやさしい気持ちを向ける必要はありません。

あなたに彼を変える責任はない

人って、簡単には変われないんですよね。子どもの頃ならまだしも、大人になってから癖や性格を変えるのはとても大変なこと。他人に欠点を指摘されて、強く自覚して、どんなに気をつけていても、長い間に染み付いた癖や性格はつい出てしまいます。自分自身を変えることですらそうなのだから、他人を変えるのはもっともっと難しい。

まだ、彼のことが好きだという気持ちから、彼が変わってくれるんじゃないかと期待していませんか？　「話し合って二人の仲を改善しなくちゃ」「彼の欠点も受け入れなくちゃ」「彼を真っ当な人間に変えなくちゃ」と責任を感じてしまってはいませんか？

でも、彼はもう立派な大人です（自分勝手に暴力を振るうモンスターなんて立派でもなんでもないですが、〝社会的には〟）。大人相手にあなたが責任を感じる必要はないですし、あなたはあなた自身の人生の責任を取っていればいい。言ってしまえば、自分を守るためだったら、ときには責任なんて負わずに逃げたっていいのです。

自分勝手に暴力を振るわない、あなたのことを都合よくコントロールしようとしない、相手の立場に立って物事の良し悪しを考えてくれる、あなたを蔑《さげす》んで利用したりしない、やさしくて真正面から向き合ってくれる人間は、絶対にいます。

今は正常な判断ができていないかも

現時点のあなたは、恐らく正常な判断ができていないのでしょう。

少しずつ彼による暴力の沼に沈んでいってしまっているのですから、思考がクリアになっていなくても仕方がありません。

でも、あなたには「怖い」と叫ぶための喉も、誰かに「助けて」とすがるための腕も、走ってそこから逃げ出すための足もあります。あなたの叫びに耳を傾け、すがるあなたの腕を力ずくで引き上げ、走って逃げようとするあなたの背中を押してくれる人は、周りに必ずいます。どうか、そのことを覚えておいてください。

自分ひとりだけでは無理なら、誰かに頼りましょう。信頼できる家族や友達、もしくは職場の上司でもいいですし、インターネットで検索したら警察署や男女共同参画センターなど、デートＤＶに関する相談窓口がたくさん出てきます。誰でもいい、誰でもいいから、助けを求めてください。

もっと、自分の体と、心と、尊厳を大切にしてください。

あなたは、誰かにとっても、あなた自身にとっても、何よりも守るべき大切な存在なのですから。

Q.6 24歳上の人と付き合っています。周囲から祝福されなくて悲しいです

今、付き合っている男性がいるのですが、24歳年上で、いわゆる年の差カップルです。順調に上手く付き合ってはいるものの、やはり周囲からはあまり祝福されません。未来はどうなるかわかりませんが、私は彼と結婚したいと考えているので悲しいです。いつかは彼と別れて、同じくらいの年の人と結婚したほうがいいのでしょうか？　よろしくお願いします。（19歳、女性）

A.

あなたが現在19歳で、彼がその24歳年上なら43歳。親子といってても不思議ではないくらいの年齢差ですから、あなたと同い年の友達や、彼とさほど変わらないくらいの年齢のご両親に「わたしの彼氏、43歳なんだよね」と言えば、驚かれるのも心配されるのも、無理はないと思います。

でも、年齢が離れているというだけで、必ずしも上手くいきっこないかと問われれば、そんなことはありません。現に、「40歳差の年の差婚！」みたいな芸能人のニュースを

目にすることはありますし、周りからどう思われるかはさておき、本人たちが幸せいっぱいに暮らしているご夫婦は世間にはごまんといます。

なぜ祝福されないのかを考えてみよう

なぜ、あなたの周りの人たちが、あなたと彼の交際を、そしてその先にあなたが望んでいる結婚を、あまり祝福してくれないのかを考えたことはありますか？

周りの人たちは、何もあなたと彼の仲を意地悪に引き裂こうとしているわけでも、あなたの人生を勝手に決めようとしているわけでもないということ、あなたのことが好きだからこそ心から幸せを願っての発言だということは、理解しておいてください。

あなたも同じだとは言いませんが、わたしが19歳だったときのことを思い出してみると、かなり無敵だったんですよね。周りから何を言われても「大丈夫、大丈夫！　なんとかなるっしょ！　だって大好きなんだもん！　愛さえあればオールオッケー！」と、それこそ経験のなさゆえの力任せのポジティブで、チラチラ見え隠れしている不安をなかったことにしていました。19歳の自分なりに、19年間で培ってきた経験や、その過程で得た知識を総動員させていたとは思います。でも、現在29歳のわたしにしてみたら「考えが甘いよ！」と言いたくなる場面はいくらでもありました。恐らく、さらに10年後、39歳になったわたしは、今のわたしに対して同じことを思うでしょうけどね。

それと一緒で、あなたの周りの人たちは、あなたの「だって彼が好きなんだもん！」だけでは、心配を拭いきれないのだと思いますよ。

交際や結婚にあたって、必ずしも周りから祝福されなくてはいけないという決まりはありませんが、できることなら家族や友人に心から祝福されたほうがうれしいですよね。そのために、どうしたら周りを納得させられる関係を継続的に築いていけるのか、一度客観的に考えてみてはいかがでしょうか。

恋人や夫婦は「対等」であるべき

まず、恋人や夫婦というのは「対等」であるべきだと、わたしは思います。

たとえば、どちらかが働いていて、もう片方が専業主婦もしくは専業主夫だとしても、「おれが（わたしが）養ってやっているんだぞ！」ということは口が裂けても言ってはいけませんし、そういう考えを持って過ごすことすら破綻を招いてしまうでしょう。経済的な部分はもちろん、精神的な部分でも対等であることが重要だと思います。

昔話をして恐縮ですが、わたしは9歳上の男性と4年ほどお付き合いしていたことがあります。24歳差に比べたら9歳差なんて誤差かもしれませんが、付き合い始めた頃のわたしは今のあなたと同じ19歳で学生だったこともあり、28歳で社会人の彼がずいぶんと大人に見えたものです。

当時のわたしは、彼と対等なつもりでした。彼も、わたしのことを対等な存在だと思って接してくれていたはずです。学生と社会人という立場の違いによる経済的余裕の差から、外食のときにごちそうしてもらう機会があったり、プレゼントの値段に差があったりしても、普段のお付き合いの中では上下関係を感じることはなく、とても楽しく過ごせていました。

しかし、彼に他の女性の影が見えたときに追及すると「大人の付き合いって、こういう感じだよ」とはぐらかされたり、お互いの関係について話し合っても「君は若いから、理想論を言うんだよ」と相手にされなかったり、ということが何度かあって、そのたびにわたしは「そういうものなのかな？」と自分を無理矢理に納得させていました。

今、あの頃の彼の年齢に自分がなって初めて「彼は面倒なことを避けるために年上であることを武器にしていた」「年下であるわたしを言いくるめて向き合おうとしていなかった」ということに気づいたのです。

支配と依存の関係になっていないか

年齢が10年単位で違ってくると、培ってきた経験の差も大きくなります。過去の経験は、今の自分、そして未来の自分のために活かされます。さらに経験から得られるものはそれだけではありません。人を許せたり、受け入れられたりするようにもなるんです。自分より年下の人を見て「これくらいの年齢だと、こんな感じだよね」とあたたかい目で見守ることもできます。接してきた人数が多い分だけ、自分とは違う人を理解できないまでも「こういう人もいるんだな」と寛容になれるのです。

きっと彼は、過去の経験からあなたを受け入れる姿勢ができているでしょうし、あなた自身もそんな彼の包容力に魅力を感じているのではないでしょうか。

年齢差があることは構いませんし、それによる経験値が違うのは仕方のないこと。あなたが彼から何かを学んで自分の成長に繋げたり、彼があなたの若い考え方を取り入れたりなど、プラスの方向に反映できているのであれば問題はないと思います。

ただ、彼が自分の経験値の高さを利用して、あなたを言い包めようとしていないか、あなたを都合のいいように操作しようとしていないか、あなたを支配しようとしていないか、ちゃんと目を凝らして見てみる必要があります。

そして、あなたは彼に対して、年上という部分に頼りすぎてしまっていないか、彼の言うことは正しいと鵜呑みにして自分の意見を持てなくなってしまっていないか、甘えることだけに価値を見出してしまっていないか、しっかりと顧みることも大事です。

もしも、今のあなたたちに支配と依存の関係があり、精神的な部分で対等になりきれていないようなら、一度立ち止まったほうがいいのではないでしょうか。

結婚は未来のことを考えてから

それから、結婚はずっとパートナーとして暮らしていくという前提で始まるのですから、今だけではなく、未来のこともしっかりと考えておかなくてはいけません。長い人生の中では、思いもよらない事態に陥ったり、予定通りにいかなかったり、目の前に高い壁が立ちはだかったり、困難と捉えられることがごく当たり前に起こります。これはどのカップルにも共通していることですが、大きな年齢差がある分、よりしっかりと考えておかなくてはいけないのではないでしょうか。

あなたは、自分よりずっとずっと先に老いていく彼を想像できていますか？

相談文では、家族構成やお互いのご両親とどうかかわっていくかなどには触れられていないので一概には言えませんが、彼の両親があなたの祖父母と大差ない年齢だろうということと、あなたのご両親と彼が老いていくタイミングがほぼ同じだろうということは、少なからずあなたの負担になり得ます。

そして、もしあなたが将来的に彼との子供が欲しいと考えているのなら、その子供が大きくなったときに彼は何歳なのか、そしてあと何年働いてお金を稼ぐことができるのか、も考えなくてはいけないですよね。愛とお金のどちらが大事か、と聞かれたら、かっこつけて「愛に決まってんじゃん！」と言いたい気持ちはやまやまです。しかし、わたしは愛の持続にはお金も必要だと思っています。

もちろん、結婚する上でお互いに愛情があるのは大前提ですが、味気ないと感じても、これらの現実的な問題を避けられないのが結婚です。

もしも、あなたが少なくとも自分のご両親に理解してもらい、祝福されたいと思っているのなら、愛や覚悟などといった抽象的なことだけではなく、現実的な部分でどうしていくか、きちんと考えていることも伝えたほうがいいでしょう。経済的にどうしていくか、子供を持つことを考えているならどうしていくか、介護にかかわる場合はどうしていくかなど、彼との具体的な将来設計の中にあなたが幸せになれるという安心材料があれば、ご両親は理解を示して応援してくれるかもしれません。

第5章

結婚したい

Q.1 彼と結婚したいのですが、どうしても恥ずかしくて話題に出せません

私には付き合って2年近い4歳年上の彼氏がいます。特に大きなケンカをすることもなく、不満もない円満な付き合いができているのですが、ひとつだけ悩みがあります。それは結婚関連の話が恥ずかしくてできないことです。

私は「彼と結婚したい！」と思っているのですが、その気持ちが強すぎて気軽に話題に出せません。テレビにゼクシィのCMが流れると恥ずかしくて、その場から逃げだしたくなるほどです。

結婚の話をしたいのですが、私は彼が初めてきちんと付き合った人で、彼は自分の結婚観などを一切話さないこともあり、結婚の話をすることでどんな反応をされるのかがわからなくて不安です。友人たちは恋人と結婚の約束をしたり、結婚後の生活のことなどを普段から話したりしているようで、とても羨ましいです。どうしたら、気軽に結婚の話ができるようになるでしょうか。また、3～4年後には結婚したいと私から伝えても引かれないでしょうか。（26歳、女性）

A.

彼に結婚する気があるのかどうかを知りたいのなら直接聞くべきですし、彼と結婚したいと思っているのなら「あなたと結婚したい」と直接伝えるべきです。

……と、客観的に見てもコミュニケーション不足が原因のお悩みのようなので、どうしても「わからないなら聞きましょう」「わかってほしいことは伝えましょう」という結論になってしまうのですが、なぜそうすべきなのかをお話ししたいと思います。

固定観念にとらわれていないか

まず、あなたはほんとうに恥ずかしいから彼に結婚の話ができないのでしょうか？

プロポーズは男性がするもの！　という固定観念にとらわれていませんか？

「理想のプロポーズ大特集！」なんて結婚情報誌の表紙に大きく書かれていそうな言葉に踊らされていませんか？　「彼に結婚の意志がなかったら立ち直れる気がしない……」というマイナス思考に陥ったり、「なぜ、わたしから言わなくちゃいけないの？」というプライドが邪魔したりしていませんか？

そういった勝手な思い込みから、彼に「察してほしい」という気持ちなっているのだとしたら、それはよくないですね。

あなたが「彼はわたしの気持ちを察してくれない」「もっとわたしの気持ちを察してよ」と思っているのなら、たしかに彼はあなたの気持ちを察することができていないのかもしれません。ですが、あなただって彼の気持ちを完璧に察することができている、という確証もないのです。自分の気持ちは言葉にしないと相手に伝わらないのも、相手の気持ちは聞かないとわからないのも、ごくごく当たり前のこと。〝察してほしい〟というのはコミュニケーションを取ることを怠った人の言い訳だと、わたしは思います。

幸せは自分でつかみ取るもの

個人的な話をして恐縮ですが、わたしと夫は遠距離恋愛からのスタートでした。

当時、学生だったわたしは就職活動のタイミングで、まだ彼氏という立場だった夫に「わたしは、あなたと結婚したい。わたしと結婚してくれるなら、あなたの住んでいる土地で就職するよ」と伝え、それに対する「結婚するからおいでよ」という言葉を信じ、地元を離れて夫のもとへ行きました。

そして、生活が落ち着いた頃、夫に「結婚するんでしょ？　そういえばプロポーズされてないけど？」とあらためて問い、「結婚しよ！」という言葉をもらい、お互いの意志を確認したのち、入籍に至りました。

「結婚したいっていうお互いの気持ちがたまたま同じだっただけでしょ」「そんなのただのラッキーじゃん」と言われてしまえば、もちろんそれは否定できません。しかし、夫がわたしと同じ気持ちだとわかったのは、わたしが結婚したいという気持ちを夫に伝えて、夫はどう思っているかを直接聞いたから。自分の気持ちを伝えず、夫の気持ちを聞かず、実際に行動していなかったら、もしかしたらまだ結婚していなかったかもしれませんし、今でも遠距離恋愛を続けていたかもしれません。それどころか、夫とは別れていた可能性だってあるのです。たしかに、わたしはとてもラッキーだったと思います。でも、それは自分の力で引き寄せた結果だと、自信を持って言えます。

幸せってね、向こうから勝手にやってきたりしないんですよ。こっちのほうから幸せのところまで走っていって、目いっぱいの力でつかみ取らなきゃいけないのです。

結婚は新しいスタート

相談文に、「今までケンカもなく円満に付き合ってこられた」と書かれていて、それはもちろん、あなたと彼の相性のよさもあるのでしょうが、何よりもお互いの立場になって物事を考えて付き合ってきたからこその結果だと思います。

しかし、「自分が言ったことを彼が気にしちゃったら嫌だな」「今まで価値観が合うと思っていたけれど、合わない部分が見つかって上手くいかなくなったらどうしよう」という不安から、いつかは必ず触れなくてはいけないことを避け続けたり、自分の中にあるモヤモヤを解消しないままでずっと抱えていたりするのは、一生懸命に築いてきた彼とのいい関係性を持続させるための行動とは言えないですよね。

結婚のことを〝ゴールイン〟とも表現しますが、実際はスタートに過ぎません。結婚して夫婦になるということに限らず、交際が始まって恋人関係になることや出産して親になることも、人生のゴールとはいかないまでも、ひとつの節目のように感じますが、あくまでも新しいスタートを切るための枠組みに過ぎません。

「結婚したら思いもよらなかったことがたくさん起こる」と、大先輩たちは口を揃えて言いますよね。妊娠や出産、仕事、子供の教育方針、お互いの心や体の不調、親の介護問題など、金銭的にも精神的にももっともっとヘビーでデリケートな問題が次から次へと出てきて、そのたびに価値観を擦り合わせる努力をしなくてはいけなくなります。

これから先、数多の越えなくてはいけないハードルが控えているのですから、結婚というスタート地点でつまずいている場合ではありません。

いい関係を作るための会話を

何よりも大切なのは、〝いい関係を作る〟こと。

〝いい関係を作る〟ということは一朝一夕でできるものでも、自分ひとりだけでできるものでもありません。今の瞬間だけの〝点〟ではなく、これから先の何十年も続く可能性のある〝線〟なのです。その〝線〟を途切れさせることなく、長くまっすぐに伸ばし続けるにはどうしたらいいのか。それは会話をすることだと思います。

「わたしはこう思う」「あなたはどう思う？」「あなたはそう思うんだね、わたしにはない考え方だな」「あなたの考え方はいいと思うけど、わたしの考え方はこうだよ」「あなたがこういう行動をするのはどうして？」「あなたの行動でわたしはこう感じたよ」

自分の気持ちを伝え、相手の気持ちを聞き、教えてくれた相手の気持ちに対してまた自分の気持ちを伝える、その繰り返しです。ただそれだけ、何も難しいことではありません。それさえ心がけていたら、きっと結婚の話もできるはずです。

今までお互いが真剣に向き合ってきたのなら、大丈夫。たとえ現時点で結婚に対する考え方に相違があったとしても、自分と相手を信じてコミュニケーションを怠らなければ、価値観の擦り合わせはそう難しくないでしょう。

Q.2 結婚を急かされるのが嫌な彼の押し方、焦らないで待つ方法を知りたい！

私には3歳年上の、付き合って1年になる彼氏がいます。彼のことが大好きなのと、周りの結婚ラッシュが相まって、早く結婚したいという気持ちが常にあります。それを察した彼は「今すぐには結婚できないけど、自分が部屋を借りたら一緒に住もう」と言ってくれ、その後、私の両親に挨拶にも来てくれました。が、彼はなんでも期限を決められることを嫌がります。恐らく彼の転勤も遠くないので、今の場所で同棲をするならと急いで部屋探しを始めたのですが、「急かされるのは嫌だ」と言われてしまいました。その後の話し合いで「別れるのは嫌だから一緒に住もう」となったのですが、私からその話を切り出すと不穏な空気が流れます。でも待つだけなのは苦しいです。以前、「あなたが同棲しようと言ったのに」「親にも言ったのに」と思っていたので、彼にも伝えてしまって後悔しました。今はそうは思っていません。どうしたら彼の気持ちを後押しできるでしょうか。どうしたら焦らず、どっしり構えられるでしょうか。（27歳、女性）

A. 相談文から読み取る限りですが、あなたと彼は、物事の進め方・決め方が異なるようですね。あなたは一度決めたことはさっさと済ませて腰を据えてしまいたいタイプで、彼は時間をかけて自分の気持ちを固めてベストだと思える時期を見計らってから行動に移すタイプだと感じたのですが、いかがでしょうか？

この違いは生まれ持った性質・価値観によるものなので、擦り合わせることは簡単ではありませんが、お互いが歩み寄れる方法を探していきましょう。

過去の彼はどうだったのか

結婚や転職、引っ越しなど、人生における大きな決断をするときには、今までの経験が判断材料になります。

彼と付き合って1年ということであれば、小さなことでも決断を必要とするときや、些細なことが原因でケンカをしたときなど、彼と話し合った経験が必ずあるはずです。その中で、彼はどうでしたか？　どんな思考パターンで、どういう行動をして、最終的にはきちんと約束を守ってくれたかどうか、思い出してみてください。

もし、彼がなんでもかんでも決断を他人に委ねるような人だったり、一度決めたことを後悔してばかりいるような人だったり、有言不実行な人だったりしたのなら、結婚や同棲を始める前に一度立ち止まって考えるべきだと思います。

でも、そうではなく、時間がかかったとしてもきちんと納得のできる決断をし、言葉に行動が伴っていて、約束を守ってくれる人なのであれば、今は単にミスコミュニケーションが起きているだけの状況なので、あなたと彼が意思疎通をしっかりと行って、お互いの歩幅を合わせれば大丈夫です。物事の進め方・決め方というのは人それぞれに異なるので、過去の経験で相手がどういう思考の持ち主なのかを知っておくことが様々な判断材料になるのだと思います。

〝早く〟でなく〝彼と〟が優先

そもそも、あなたは、なぜそんなにも焦っているのでしょうか？

あなたは〝早く〟結婚したいのか、それとも〝彼と〟結婚したいのか、どちらですか？

わたしが抱いた印象ですが、〝彼と〟結婚したいという気持ちが根底にあるのはもちろんでしょうが、現時点では〝早く〟結婚したいという気持ちが先にきてしまっているように感じます。

世間では一般的に結婚適齢期に入ったという印象を持たれがちな年齢、意識せずとも耳に入ってくる周囲の友人たちの結婚ラッシュ情報、煮え切らないと感じてしまう彼の態度、結婚を楽しみにしてくれているご両親の存在……、きっといろいろなことが要因になっているのかもしれませんね。

でも、結婚は誰かと比べるものでも、誰かのためにするものでもないのです。

結婚に限ったことではないですが、人生においては自分自身の中の絶対評価が大切です。何事でも、現時点で自分より前を歩いている人やうまくいっているように見える人と比べて妬《ねた》み嫉《そね》みの感情を持つのも、自分より後ろを歩いている人やうまくいっていないように見える人と比べて悦に入るのも、とてもくだらないことだとわたしは思います。常に状況は変わっていきますし、自分の人生は自分だけのものなのですから、周りの人と比べることに意味はありません。

自分にとって、どんな人生が幸せだと思えるのか、その幸せのためには誰と何が必要なのか、自分自身で見極めなくてはいけません。

あなたが自分の幸せな人生を想像したときに、〝彼との結婚〟が必須イベントなのであれば、〝彼と〟結婚したいという絶対的な気持ちが、〝早く〟結婚したいという相対的な気持ちに追い越されないように気をつけましょう。

無駄と思っても必要なミッション

ここまで、あなたが結婚を焦ってしまう精神的な要因について言及してきましたが、他にも物理的・経済的なこともあると思います。

「今住んでるマンションの更新のタイミングがあるのに……」

「ひとまず別々に住んで、そのあとどちらかの家に引っ越すとなると手狭だし……」

「一緒に住むことを想定して、最初から広めの部屋に住むのは家賃が……」

「何回も引っ越すと時間もお金も余計にかかるし……」

「わたしにだって仕事の都合とかあるのに……」

さっさと行動してしまえば、時間とお金が無駄にならないのに、という気持ちもあるでしょう。でも、無駄を省こうとするあまり、お互いの気持ちが置いてきぼりになってしまったら元も子もないですよね。だから、そこはケチっちゃダメなんです。

無駄なことをやっていると思う瞬間もあるかもしれませんが、人生は思い通りにならなくて当たり前。しかも、一見無駄だと感じるようなことでも、あとから思い返してみると必要なミッションだった、なんてことは山ほどあります。

先にもお伝えしたように、結婚はゴールではなくあくまでもスタートです。

配偶者ともなれば人生において共存・共闘するパートナーになるわけですから、できることなら避けたい話題や面倒事についても話し合わなくてはいけませんし、頭を悩ませるような決断を迫られるたびに、協力して乗り越えていかなくてはいけません。

スタートを切る重要なタイミングだからこそ、お金や仕事のこともお互いの気持ちも、無視はできないですよね。

以前、「あなたが同棲しようと言ったのに」「親にも言ったのに」と彼を責めてしまい、事態が好転しなかったこともあって躊躇してしまうかもしれません。

でも、今回は自分の気持ちを押し付けたり、彼の気持ちを無理に動かしたりしようとするのではなく、彼と一緒に〝状況整理〟をしてみてください。お互いが冷静に将来のビジョンを共有し、二人で丁寧に物事を決めていくことが大切です。

そうすれば、彼の足踏みもあなたの勇み足もなくなって、歩くスピードが合ってくるのではないでしょうか。

Q.3

結婚して専業主婦になりたいけれど、彼にはお金がない。愛があれば大丈夫？

私には、３歳上の28歳の彼氏がいます。結婚を前提に3年付き合っていますが、お金の問題で悩んでいます。彼は2年ほど前に転職して、お給料がよくありません。大学卒業後の新卒と変わらないくらいです。正直、今後も贅沢な暮らしはできないです。結婚後も働いて補っていこうとも思いましたが、私は昔から専業主婦に憧れています。今の彼と結婚をすると、その願いは叶えられないと思います。

彼を愛していますし、彼との結婚にも憧れはありますが、長年の専業主婦への憧れもあります。愛はお金にかえられないけど、結局はお金なのかと考えてしまって悲しくなります。愛があれば、なんでも乗り越えられるのでしょうか。

ものすごい愛さんなら、どうしますか？（25歳、女性）

A.

愛とお金、どちらが大事か。
卵が先か鶏が先か問題に匹敵するほどの難題ですね。

存分にかっこつけるとしたら「そんなの愛に決まってるじゃん！　だって真実の愛はお金じゃ買えないんだよ!?」と自信満々に答えて今回の相談を終了させたいところですが、なかなかそうも言い切れません。

お金がないと愛がぼやけるのも事実

たしかに、愛はお金では買えません。

しかし、お金がないと気持ちに余裕がなくなり、心が荒むせいで愛がぼやけてしまうのも、紛れもない事実なのです。愛があればどんなことでも乗り越えられるというのは理想的ですが、それはあくまでも理想に過ぎないとわたしは思います。

もちろん、お金がないなりに工夫して暮らすことで愛を持続させている人はいます。夢を追っているバンドマンを長年支え、結婚して養い続けた結果、メジャーデビューをして大金持ちになった、なんていうシンデレラストーリーもあるでしょう。

でも、世の中にはお金で解決できることってたくさんあるんですよ。

たとえば共働きの夫婦だと、家事の負担の割合で揉めたり、忙しくて手が回らずに部屋が荒れてケンカになったり、心に余裕がないときは相手の家事のクオリティーの低さが目についてイライラしたり……、といったことがあると思います。

そういった状況下でも、お金があればロボット掃除機や食洗機、乾燥機付き洗濯機を導入したり、定期的にハウスクリーニングを頼んだりすることができ、夫婦間の不必要な軋轢《あつれき》を避けることができます。

親の介護問題が降りかかってきたときにも、お金を払えば外部に手助けしてもらうことができます。そうすれば負担やストレスが減り、家庭内で不和が生じる可能性も低くなるでしょう。その他にも、定期的に旅行をする、特別な日にちょっと贅沢する、なども円満の秘訣になるはずです。

人生には何が起こるかわからない

最初は愛だけあればいいと思っていても、人間というのは何にでも慣れてしまう生き物で、そのうちに欲だって出てきてしまいます。

いくら愛があったとしても、その愛を無償で保ち続けること、愛だけでありとあらゆる困難を乗り越えていくことはとても難しい。愛よりお金のほうが大事というわけではなく、愛を持続させるために、ある程度のお金を投資することが必要なのだと思います。

そういった投資を得るために、今の彼と別れて、専業主婦ができるだけの稼ぎがある男性と結婚するのも選択肢のひとつです。でも、たとえ高収入の人と結婚しても、人生には何が起こるかわからない、ということだけは心に留めておいてほしいと思います。

もしかしたら、たくさんの子宝に恵まれて、全員が私立大学の医学部に進学するかもしれない。

もしかしたら、相手が病気や事故で、突然働けなくなってしまうかもしれない。

もしかしたら、離婚や死別によって、あなたひとりで子供を養っていかなくてはならなくなるかもしれない。

そうなったときに、あなたは「こんなつもりじゃなかった」と思ったとしても、専業主婦をやめて働く必要が出てきますよね。悪い想像をしろと言いたいのではなく、どんな状況でも臨機応変に立ち回れるように事前準備や覚悟は必要だと思いませんか？

私だったらどうするか……

もしもわたしがあなたの立場だったらどうするか。

わたしは専業主婦に憧れを抱いたことがないので、はっきりとは答えられませんが、

「もしも夫の給与が今よりもずっと低かったら結婚したか？」と聞かれたら即答はできません。もちろん、夫のことを心から好きで結婚しましたけどね。

ただ、お金があるから結婚した、お金がなかったら結婚しなかった、という金銭面だけを判断材料にしたのではなく、今の職業に就くために努力した経緯や将来を見据えた行動ができる人だという部分に魅力を感じたのも、結婚の決め手のひとつでした。

わたしは、もともと「結婚後も外でバリバリ働いてガンガン出世してやるぞ！」と思っていましたが、様々な要因が重なり、夫ともよく話し合った結果、会社員をやめて、専業主婦の期間を経て、今は在宅で好きな仕事をしています。

しかし、もしも夫がなんらかの事情で今のように働けなくなってしまったら、そのときはわたしが夫の代わりに外でバリバリ働いて家計を支えていくだけの覚悟はできています。それは、愛があるから。わたしにとって夫が〝相手のために自分が頑張る覚悟〟ができる大切な存在だからなのです。

結婚は夢を叶える手段ではない

専業主婦になって夫を全面的にサポートする立場になりたい、家事を完璧にこなして居心地のいい家をつくりたい、という考えはもちろん立派です。そういった女性を求める男性は一定数いて、需要もあるでしょう。

しかし、結婚は自分の夢を叶える手段ではありません。あくまでも生活を共にする関係性のひとつであって、さらに自分以外の誰かの人生を半分引き受けなくてはいけないもの。いわば、配偶者とは人生を共有し、共闘・共存する存在です。

何が起こるかわからないのが人生です。できるだけ円満でいられるように、愛を持続できるように、お金を重要視するのは大切なこと。そして、不測の事態が起こったときに自分自身が矢面に立つ覚悟を持つこと。相手は、その覚悟を決めるに値する存在なのかを見定めた上で、結婚をするかどうかの決断をしてほしいと思います。

それから大前提として、いつでも自分の足で歩けるように準備しておくこと、そのために今持っている武器を簡単に捨ててはいけないことは、決して忘れずに。

Q.4

〝理想の奥さん像〟だという私と結婚してくれない元彼。どうしてなの？

２年前に、「結婚は考えられないから、これ以上は束縛できない」と振られた元彼と半年ぶりに会いました。別れてからも会っていたのですが、彼に彼女ができてからは、そうとは知らされずに音信不通でした。が、最近になって彼女がいることを白状された上で連絡を取るようになり、また会おうという雰囲気です。

彼とは遠距離なので、「あまり好きではない」「なんとなく付き合っている」という彼女と、どんな感じなのかわかりません。彼は年齢もあり、感情は別にして、「結婚はいつか誰かとしなければ」と考えているため、「1年以内くらいに」と思っているようですが悩んでいます。彼は、なぜ結婚に踏み切れないのでしょう。

私は彼のことが諦めきれず、都合のいい女だとは思いながらも心配してしまいます。彼とは別れるずいぶん前から体の関係はなく、会ってもお話しするだけ。彼は、私と結婚したらラクなのにと言います。〝理想の奥さん像〟だという私と、なぜ結婚してくれないのでしょう。どうしたらいいでしょうか。（29歳、女性）

A.

都合のいい女だという自覚はあるようですが……。

たしかに、わたしもそのように感じます。いえ、そもそも都合のいい女にすらなりきれていないのではないでしょうか。

〝都合のいい女〟というのは、男性の欲求を優先してしまう女性のことを指すのだと思います。ですが、あなたは彼と体の関係を持っているわけでも、彼に「ちょっと会いにきてよ」と言われて遠距離にもかかわらずのこのこ出向くわけでもない。

元恋人という間柄ではあるものの、定期的に連絡を取ったり、たまに会ってお互いの近況報告をしたりするだけですよね？

彼の人生とあなたの人生は無関係

あなたにしてみたら、彼のことを好きな気持ちを抱えたまま、愚痴を聞いてあげているわけですから、自分は都合のいい女だと思ってしまうのも無理はありません。でも、実際のところ、彼はそこまで深く考えて、あなたを都合よく使っているつもりはないのではないでしょうか。

別れた時点で、彼の人生とあなたの人生はまったく関係がなくなった、という大前提を忘れてはいけません。厳しい言い方をしてしまいますが、彼が結婚しようが、結婚しまいが、あなたはその対象からとっくの昔に外れているのです。

彼が結婚に踏み切れない理由は彼自身が悩むべきことで、その彼女と結婚するかどうかは彼と彼女が話し合うべきこと。あなたは関係のない立場です。もっと言ってしまえば、あなたは完全に蚊帳の外なのですから、彼らの人生がいい方向に向かうようにアドバイスをしてあげることはおろか、一緒に考えてあげる必要すらないのです。

もともと好きで付き合っていて、憎み合って別れたというわけでもなく、今も彼のことが好きで諦めきれていないのなら無理もないのかなぁと、あなたの気持ちはもちろんわかりますし、別れた恋人の行く末を心配する気持ちもわかります。

わたしは別れた男性に対して、こっぴどく振られた直後は「一生恨んでやるからな!!両足のくるぶしの骨が砕けて、その痛みに泣け!!」というくらいまで憎んだこともあります。それでも、時間が経って少しずつ傷が癒えていくうちに「幸せになってほしいな」と思えるようになりました。でも、それは「わたしがもう一度幸せにしたい」「一緒に幸せになりたい」というかかわりを持つことが前提の感情ではなく、「どこかで勝手に幸せになってくれ」という距離があるもの。

付き合っていたときは、幸せにしてあげられなかったし幸せにしてもらえなかった。

要するにお互いの人生のタイミングが合わなかった結果なのですから、今さらわたしの出る幕ではないな、と思っています。

理想の人を好きになるとは限らない

彼がどうしたら結婚に踏み切れるのか、彼曰く〝理想の奥さん像〟であるあなたがどうして結婚の対象にならないのかは、彼にしかわからないことですから、あなたがいくら考えたところでわかりっこありませんし、わたしにもわかるはずがありません。

理想の奥さん像というのは、誰しも少なからず持っているでしょう。たとえば、料理上手とか、つらいときに明るく励ましてくれるとか、愛情表現がわかりやすいとか、人それぞれありますよね。

彼にとってあなたは過去に付き合っていた女性で、嫌いで別れたわけではないのですから、気心も知れていて一緒に過ごしていてラクなのだと思います。それに別れてから再会するまでの期間で、あなたも様々な経験をしたことで成長して、当時以上に魅力的な女性になったのでしょうし、今も悩んでいるときに親身に話を聞いてくれて、一緒に悩んでくれて、アドバイスもくれて……という存在になっていることから、彼はあなたに理想の奥さん像を当てはめているのかもしれません。

でも、誰しもが、理想の配偶者像に当てはまる人と結婚するとは限らないのです。

わたしは夫のことを世界で一番いい男だと思っていますが、じゃあ夫はわたしがかつて抱いていた理想通りの人かと言われたら、そんなことはありません。

理想通りの人と結婚して、理想通りの生活を送れるのが、一番いいと思えるかもしれませんが、実際のところ、理想通りの人だからといって好きになるとは限らないですし、理想通りじゃなくても、心から好きになれる人はいるものです。〝理想〟というものにとらわれすぎないことが、今のあなたには必要なのではないでしょうか。

なんとも都合がよすぎる彼

そもそも、よーく考えてみてください。彼目線で時間の流れを見てみると、あなたと別れてしばらく経った頃に「なんか暇だな～寂しいな～」とかなんとか思いながら、なんとなーく連絡を取り始めて、そのうちに新しい彼女ができて夢中になったため、あなたへ連絡することもなくなり、だんだんと彼女との関係が惰性になってきて「は～おれのことをよくわかってくれる元カノに癒されて～」だのなんだの、これまたテキトーな感情であなたとの交流を再開した、ということが簡単に想像できます。

ほんとうに彼があなたと結婚したいと思っているなら、今の彼女とは別れているはずですし、あなたと正式にお付き合いをしているはずです。

もしも彼が今の彼女と別れて「やっぱり、おれにはお前しかいなかったんだ！　ほんとうにごめん！　もう一度、おれと付き合ってくれ！」と真正面から誠意ある言動をしてくれたのなら、あなたも「わたしがどれほど深く傷ついて、つらく悲しい日々を送ったか！　あのときの涙を返してよ！」と思いつつ、彼とのハッピーエンドのために必要な試練だったと受け入れられるでしょう。今でも彼のことを好きなら、なおさら。

でも、彼は実際には行動に移しておらず、結局は口先だけでしかない。その事実から目を背けてはいけません。「お前と結婚したらラクだったのにな～」なんてテキトーに投げられた言葉に心をつかまれてしまうと、切なさが続くだけです。

いずれにせよ幸せになれなそう

たとえ、ほんとうに、彼があなたとまた付き合っていつか結婚したいと考えていたとしても、「おれさ～今こんなつらいんだよ～どうしたらいいかわかんないんだよ～どうしたらいいのかなぁ〜チラチラッ」と、大切であるはずの向き合うべき相手に軽くジャブを打つようなずるいやり方をしているのです。そんな男性と、今後いい関係を築いていけるとは思えません。

「結婚は考えられないから」という理由で別れを告げた元カノに「今の彼女とはなんとなく付き合ってるんだよね〜」と愚痴ってくるなんて、わたしは「いやいや！　お前のデリカシーは破滅してんのかよ‼」と言ってやりたい衝動に駆られます。

さらに、あなたの結婚に対する考え方と彼の結婚に対する考え方とでは、乖離《かいり》があるように感じます。情熱的な愛がなくても、お互いが相手に求める条件や自分のスペックなどを考慮して結婚した結果、幸せな生活を送っているご夫婦はごまんといますし、それはそれでひとつのかたちとしていいと思います。

しかし、あなたは彼のことを今でも諦められずに、都合のいい存在だとわかっていながらも関係を断ち切れずにいる。それほどまで彼のことを思っている状態で、「なんとなく結婚をしておかなくてはいけない」と思っている彼と、たとえ結婚できたとしても、気持ちに温度差がある状態ではつらいのではないでしょうか。

どんなに好きだとしても、結婚に対する考え方や相手に求めるものが異なっているとわかりきっている人との未来は、想像している以上のしんどさを伴うと思います。

自分を幸せにできるかを考えて

もしも、わたしがあなたの立場だったら、その彼とは連絡を取ることも会うこともやめます。わたしは誰よりも幸せになりたいし、自分を幸せにすることを怠りたくないからです。ずっと好きだった人が、手が届きそうなところにいるのに、手が届かないところまで自らの意志で離れるのはとてもつらいですけどね。

人との縁は近づいたり離れたりするもので、それは自然の流れに沿ったものだということはもちろんわかっていますし、自らの手で縁を断ち切るということは、よほどのことがない限り褒められるものではないのかもしれません。でも、自分の幸せのために、縁を断ち切るという決断をするのも、間違った選択ではないと思います。

あなたは今後どうしたらいいか。それは、あなたの好きにしていいと思います。あなたの人生なのですから､彼の人生に無理矢理に割り込むのも､満足ゆくまで彼のハッピーエンドを見守るのも、あなたの自由。誰も咎《とが》めることはできません。

ただし、今までに幸せにし合えなかった、今後も幸せにし合うことができなさそうな相手に、大切な心を砕き続けることは、自分で自分を幸せにするための行為なのかどうか、ちゃんと考えてほしいと思います。

Q.5 男女や結婚などについて、価値観が古い彼との結婚は諦めるべき?

9歳上の彼の男女や結婚に対する価値観の古さから目を背けられなくなってきました。たとえば「女性にはピンクが似合う」「派手なメイクより薄いメイクがいい」「夫が部下を自宅に連れてきたら妻がつまみを作ってもてなしてほしい」「不妊は女性側に問題があることが多いと思う」など。さらに彼はLGBTsについてのニュースを見たときに「こういうの、無理」と言い、ショックでした。

ただ、私自身もLGBTsについて無知だし、「女は若いうちに結婚しないと」のような価値観があったので勉強中です。彼にも一緒に勉強してほしいのですが、価値観を変えることは難しそうです。「自分はこんな性格だから、あなたに折れてもらうことが多くなるかもしれない」と言われました。やはり価値観の違う彼との結婚は諦めるべきでしょうか。でも、私が「学生時代に女子を好きになったり告白されたりしたことがある」という話をしたときは驚いているだけでした。なので、変わることができるのかな、と期待してしまいます。(25歳、女性)

A. うわぁ……なんて面倒くさい男なんだ……。
彼の結婚やジェンダーに対する価値観、古くてガッチガチじゃん。カブトガニの化石かよ。もしわたしがあなたの立場だったら、即座に「は？　うるせぇな」と突き放してしまうと思います。

変わりつつある時代

彼が言っている「派手なメイクより薄いメイクがいい」というのは個人的な好みの範囲内かもしれませんが、ＬＧＢＴｓは無理だとか、家事は女性がメインでやるべき、というのは特定の属性に偏見を持っている、いわゆる〝差別〟というものです。

自分の差別的な発言で誰かが傷つくかもしれないということを１ミリも想像できず、さも自分の考え方が当たり前かのように堂々と差別的な発言をしている彼は、ちょっと恐ろしいですね。

一方、あなたは今まで持っていた「女は若いうちに結婚しないと」などという意識を変えようと勉強中とのこと、とても尊敬します。

近年、自ら進んで向かわなくても、インターネットを通して様々な考え方に触れられるだけではなく、その共有もできるようになってきました。

ひと昔前よりはＬＧＢＴｓへの認識が深まり、応援する人たちも増えてきたように思います。さらには、職業における性別の偏りが少なくなってきたり、専業主夫が増えたり、男性が育児休暇を取ったりと、社会に変化が見られます。ピンクが好きな男性やピンクが好きではない女性が当たり前にいる、女性のものというイメージだったメイクを男性がしたって別におかしくない、男性性や女性性を押し付けない、性別はたった二つには簡単に分けられない……、ほんとうに少しずつですが、みんなの認識は確実に変わっていっています。

「結婚こそが人生のゴール」「女は結婚してナンボ」だなんて風潮もかつてはありましたが、最近では結婚にとらわれず、充実した生活を送っている人がたくさんいるということも周知されつつありますよね。

知識と価値観のアップデート

誰もが偏見や差別のない社会を願っているはずなのに、その一方で誰もが偏見と差別の心も持っています。どんなに気をつけていても、受け入れようと頭では思っていても、

〝自分とは違う人〟や〝今まで出会ったことのない人〟が新たに現れると、一瞬身構えてしまうことがあるんですよね。

その表裏一体の感情が自分の中に共存しているのを踏まえた上で、誰かを偏見の目で見たり、差別をしたりしないように、頭に浮かんでしまった自分の主張は果たして偏見や差別にあたらないのかを自問自答し、それを言葉や表情として外に出す前にチェックすることが大切なのだと思います。

わたしも、偏見を持たない、差別をしていない〝つもり〟になってしまっていないか、自分が何気なく発した言葉や抱いた感情が誰かを傷つけてしまっていないか、自分の常識は社会の常識だと他人に押し付けてしまっていないか、ふと恐ろしくなるときがあり、そのたびにあらためて自分の気を引き締め続けています。

そして、「知らない」ということは罪になる可能性があると、わたしは思います。だからこそ、新しい知識を得ようと努力すること、価値観を柔軟にアップデートすること、これらを常に心がけて生きていかなくてはいけません。

ところが、あなたの彼の場合は、「自分はこういう性格だ！」と言い切って、理解できないもの・知らなかったことに対して「こういうの、無理」と切り捨ててしまっていますから、彼はきっと変わらないでしょうし、変わる気すらないように感じます。

相談文の中に、あなたが学生時代に女子を好きになったり告白されたりした話をしたときに、彼は嫌悪感を示さず驚いているようだったとありましたが、それが彼の考え方が変わるか否かの指標になる可能性は低いと思います。

なぜなら女性同士の恋愛はファンタジーとして捉えるのに、男性同士の恋愛だと自分の身に降りかかる可能性がゼロではないと勝手に判断して、嫌悪感を示す男性もいるからです。実際に自分がその対象になることはなかったとしても、です。

彼との将来を想像してみて

あなたはもう大人です。ある程度自分というものが出来上がっている状態で、彼とお付き合いをしています。だから、このまま自分の意識をしっかりと持ち続けていたら、彼の考え方に影響されることなく、それなりにお付き合いを続けられると思います。あなたは自ら勉強をして、価値観のアップデートも図っているようですしね。

でも、そうやって少しずつ自分の考え方をアップデートして受け入れられるもの・理解できるものを増やそうとしているあなたと、「自分はこういう性格だから」と思考を完結させて変わる気すらない彼とでは、これから先、社会に対する意識がますます乖離していくことが容易に予想できます。

相談文を読む限り、今は彼に価値観を強要されることはないようですが、ますますお互いの価値観が乖離していった将来、彼があなたに自分の価値観を強要してくることは一切ないのか、もしそうなったときにあなたは思っているだけじゃなくちゃんと彼に言えるのか、不安が残ります。

また、たとえば将来、あなたたちの子供が、彼が理解できない・受け入れられない個性や特性を持っていたとします。子供にとってお手本となり、唯一無二の存在でもある親が「無理」とか「気持ち悪い」という感情を自分に対して持っていたら、子供はとてもしんどくて、悲しくて、どうしたらいいかわからないまま、ずっと過ごしていくことになります。

最初のほうで社会の認識が変わりつつあるというお話をさせていただきましたが、完璧かと言われたら決してそうではない。偏見の強い人、差別意識が強い人がまだまだたくさんいるのも事実です。そういった中で、どうすれば生きやすくなるか、どうすれば心を穏やかに保てるかを一緒に考えてあげたり、つらいときの支えとなったりすることが親としての責任で、子供に対する愛情だと思います。今のままの彼だと、それは難しいのではないでしょうか。

価値観と癖の大きな違い

価値観や癖などの長年染み付いたものは、どちらも大人になってから直したり変えたりすることが容易ではないという点で、共通しています。でも、価値観と癖は似ているようで大きな違いがあるという、わたしなりの考えをお話しさせていただきます。

癖というのは、まあなんでもいいんですけど……たとえば「使用後にトイレの便座を下げない」だとしましょう。一緒に暮らしている人にしてみれば「次に使うわたしのことを考えてない！」とイライラするでしょうし、「ちゃんと便座を下げてよ！」と何度も言う羽目になりますが、その癖が家庭外で出たところで人間関係が破綻してしまうかと言われたら、ゼロではないかもしれませんが、可能性は限りなく低い。日常生活で気になる些細な癖なんて、「もう！　直してよ！」「あーごめんごめん」で済みます。

ですが、価値観ともなれば、そうもいきません。価値観はその人自身を形成する軸となっている部分ですから、便座を下げる／下げない問題のように「ちょっと！　あんたのその差別意識どうにかしなさいよ！」なんて面と向かって言うのも憚《はばか》れるでしょうし、たとえ言えたとしても言われた側は自分の価値観は正しくて世間の常識だと思っていることがほとんどなので、「え？　何がダメなの？」となかなかわかってもらえません。

偏った価値観を押し付けることで傷つく人がいたり、誰かの心に大きな影響を与えたりしてしまうかもしれないにもかかわらず、なんとも厄介なのです。

もちろん、価値観がビターッと完璧に合う人なんて存在しません。

わたしは夫と仲よしで「サイコーのパートナーだぜ！」とお互いに思いながら、今のところ大きな価値観のズレを感じることなく生活していますが、小さい価値観の違いは当然あります。それでもなぜ上手くやれているのかというと、理由は二つです。

ひとつは、わたしたち夫婦の価値観の違いはとても些細なもので、お互いの関係性が崩れる可能性があるものでも、誰かが傷ついてしまうような内容でもなく、ただ歩み寄れば済むだけだから。もうひとつは、お互いが相手の言葉に耳を傾けているから。

相手を変えなくちゃと躍起にならず、「あなたはそういう考え方なんだね」と受容し合い、それでお互いが納得できていればいい、と思える関係なのです。

他人を変えることはできない

他人を変えようとする行為は、場合によっては無礼で不躾《ぶしつけ》だと捉えられてしまいますし、そもそもとても難しいことです。

あなたは彼を変えたいのかもしれません。でも、他人は変えられません。

ある程度、形成済みの大人の価値観なんて、本人が強く変えたいと思って意識していてもなかなか簡単には変わらないものですから、他人からあれこれ指摘されても本人にそういう意志がないのでしたら、とうてい無理な話。よっぽど取り返しのつかないことをやらかして痛い目にあって後悔でもしない限り、彼に「変わりたい」という意識を持ってもらうことすら難しいのです。

今回は、女性はこうあるべきという押し付けとも取れる考え方、ＬＧＢＴｓへの理解が乏しいという部分だけをピックアップしていますが、彼は万事においてあなたの考え方を理解しようとしている人なのか、歩み寄るための建設的な話し合いができる人なのかを、もう一度確認してみてください。

それができない人だと、価値観がどうこうという以前に、今後の関係性であなただけが苦しくなってしまう可能性が高いように思います。

もしも彼が変わろうとしている、変わりたいと思っているのであれば、待ってあげたり、一緒に頑張ったりしてもいいかもしれません。でも、それはとても時間がかかって骨の折れる、相当な覚悟が必要なことだというのも頭に入れておいたほうがいいのではないでしょうか。

第6章

結婚してから

Q.1 入籍したら「本当にこの人でよかった？」と不安になってしまいました

看護師をしている27歳の女です。私は幼い頃から母子家庭で育ち、「あんたがいたから、私は頑張ってこられた」という母の言葉が心に響き、いつか自分も必ず家庭を持ち、子供も欲しいと思っていました。

そして、25歳のときに職場の男性と交際を始め、約2年の同棲を経て、一緒にいてこんなに楽しくて、ありのままの自分を受け入れてくれる男性はもう二度と現れない、この人とならいい家庭が築けそうだと感じて入籍しました。

しかし、結婚式の準備中、ふと「本当にこの人でよかったの？」という思いが頭に浮かんで離れなくなり、自分が結婚を選んだにもかかわらず不安になっています。転職をしてもよかったのでは、結婚を焦っていたのでは、自分の願望を都合よく彼に当てはめていたのでは……と苦しくなるときも。彼にも悪いことをしてしまったという思いがあり、結婚式を延期させてもらいました。「自分の考えが甘かったのでは？」「結婚は間違いでは？」と考えてしまいます。（27歳、女性）

A.

おっ、マリッジブルーじゃ〜ん!!　結婚前の醍醐味〜!!　と思ったのですが、もう入籍していらっしゃるんですね。

あなたが今抱えている悩みというのは、結婚するまでは見えていなかった旦那さんの嫌な部分に気づいてしまったことで結婚を後悔しているというよりは、あなた自身の気持ちの問題のように感じました。

結婚には勢いだって必要！

結婚って多少なりとも勢いが必要だと思うんですよ。

誰しも、「この人と結婚して幸せな生活を送ることができるか」というのをよく考えてから結婚を決断するのでしょうが、恋愛中なんて脳から麻薬のようなものがジャバジャバと出ている状態に近いのです。ある程度は「いけるっしょ！」「なんとかなるっしょ！」という気持ちがあって、結婚に踏み切るのではないでしょうか。

同棲期間を設けなかったため、結婚して毎日生活を共にするようになってから細かな生活習慣の違いを知った、なんて話はよく耳にしますし、実際に結婚してみなくちゃわからないことはごまんとあるのだと思います。

いくら冷静に物事を考えられたとしても、未来を完全に予想し尽くして、不安が生じる可能性がまったくない状態で結婚するなんて、無理無理‼ リスクゼロの結婚なんてありませんし、そもそも人生で重要な決断をするときには、必ずリスクを伴います。リスク回避ばかりを優先していたら、何もできませんからね。

旦那さんに対して、「ほんとうにこの人でよかったんだろうか」と不安になっているようですが、ちゃんと自分なりに考えて決断したことに対する後悔は、誰にだって起こり得るもの。今は気持ちがいっぱいいっぱいで思い出せないかもしれませんが、結婚を決断したときのあなたは、あなたなりに一生懸命に考えたはず。その事実を無視してしまうのは、過去のあなたがかわいそうですよ。

そもそも、マリッジブルーという言葉が浸透しているくらいですから、「結婚は正解だったんだろうか」「結婚相手はこの人でよかったんだろうか」という気持ちを持つこと自体は多くの人が経験しているでしょう。でも、みんながずっとそんな気持ちを抱えたままで生活しているわけではなくて、パートナーに不安な気持ちを半分持ってもらったり、楽しい時間を共有していくうちに薄れさせていったりしているのだと思います。

だから、ひとまず、あなたのその感情も「いつかそのうちなくなる一過性のもの」だと思って過ごしてもいいのではないでしょうか。

最後の最後までわからないこと

実際、「ほんとうによかったかどうか」は、最後の最後にならないとわかりません。

もちろん、日々の生活の中で小さな幸せを感じて、「ア〜！　めっちゃ好き〜！　この人と結婚してよかった〜！　ハピネス〜！」となることはあります。でも、結婚自体が正解だったかどうか、結婚相手が正解だったかどうか、というのは途中経過の時点では誰にも判断できません。だって、人生には何が起こるかはわからないのですから。

それなのに、最後の最後、死ぬ間際まで「結婚は間違いだったんじゃないか？」「この人でほんとうによかったんだろうか？」と常に悩みながら生活するのは、想像しただけでかなりしんどそうではないですか？　だったら、終わりよければ全てよしを目指して、置かれた環境の中で幸せになる努力をしたほうがよっぽど楽しいと思います。

また、「わたしがやっておきたいことを全て網羅して、心から納得できるまで結婚するのは待っていてほしい」という不確かな期間を、彼が待ち続けてくれる保証はありません。もしくは、彼との別れを選択してひとりの自由な時間を存分に楽しんだあとに、理想通りの男性が現れて、その人と上手くいくという確証だってないのです。

〝ないものねだり〟をし続けて、自分の人生を悲観的に見るのは禁物です。

わたしたちの人生に全クリはない

人生はゲームではないので、全てをやり尽くして、望むものも全て手にし、心がパンパンに満たされて欲しいものなんてもう何ひとつなく「はい！　わたし、人生を全部クリアしましたー！」なんて都合のいいことはあり得ません。

希望していた仕事に就いて、やりがいを感じながら毎日働いていて、会社の福利厚生はしっかりしていて、職場の雰囲気はよく、結果的に成功してお金も十分に稼いで、理想の相手と結婚して、性別も人数も性格も理想通りの子供に恵まれて、自分も周囲も常に健康で、子育て中は時間的にも精神的にも金銭的にも余裕があって、周りからの手厚いサポートが惜しみなく注がれて、子どもは思い通りに育って、制約がひとつもない中で趣味を楽しみ、興味があることに片っ端から挑戦して……なんてことは、ほぼ１００％無理でしょう。あり得ないほどに運がよくて抜群に器用で、１００年生きられたとしても一日は平等に24時間ですから、やりたいことをやり尽くすのは困難です。

でも、その都度、環境に順応しながら、やりたいことをひとつずつ叶えていくことはできるはず。結婚したら自由がなくなってしまうという決めつけや、やりたいことは叶えられないという諦めは、とてももったいないなぁと思います。

制約がある＝不幸ではない

たしかに、結婚すると自分ひとりだけの判断で、好き放題に行動できないという側面もあります。特に夫婦二人だけでなく、子供が生まれたら余計にそうかもしれませんね。

それでも、今あなたの中に浮かんでいる「結婚しなければ得られたかもしれない幸せ」と種類は違っていたとしても、幸せはきちんと存在します。パートナーと向かい合ってなんてことないごはんを食べる、子供と一緒に公園で遊ぶ、家族みんなで旅行に行く、自分の隣で子供が無防備に寝ている、帰ってきたら家には明かりがついている……、簡単にたくさん挙げられます。

何よりうれしいことが起きたときに、愛する人と共有できるのです。目の前の幸せを全身で感じていれば、別の道を選べば味わえたかもしれない幸せに思いを馳せる暇なんてきっとないと思いますよ。そして、子供は必ず成長します。だんだんと自分の時間が増えていき、自由に動き回れるようになり、きっと気持ちに余裕もできるでしょう。

何事も本人次第。消えてなくなってしまわないエネルギーと、明確なビジョンさえあれば、何をするにしても遅いなんてことはない。やりたいことは何歳になってからでも、結婚してからでも、いつだって始められます。

結婚したからこその幸せもある

最近は「結婚だけが幸せじゃない」「結婚しなくても幸せになれる」といった声がよく聞こえてきます。わたしも、そう思います。

結婚以外にも幸せはあるし、結婚したからといって幸せになれるわけではない、結婚はしたい人がすればいいし、結婚したくないのであればしなくてもいい。

でも、結婚以外にも幸せがあるように、結婚にも幸せがあるのです。わたしは結婚していますが、今のところ「結婚してよかった」「結婚して幸せだ」と思っているクチです。経済的だの世間体だのと小難しい話はさておき、結婚すると自分を見ていてくれる存在が近くにできる、というのはとても心強くて、救いになることが多いんですよ。

ここまで読んで、「やっぱり結婚しなければよかった」と思うのであれば、結婚生活を早めに終わらせるのも選択肢のひとつです。あなたの人生ですからね。

ですが、一時的かもしれない感情だけで離婚を決断するのは早計すぎるように思います。その前に一度、今の不安な気持ち、やりたいことへのエネルギーを旦那さんと共有してはいかがでしょうか。その先に、楽しい結婚生活が待っているかもしれません。

どんな決断をするにせよ、あなたに幸せが訪れるよう、心から応援しています。

Q.2

夫を愛しているのに、会社の先輩が気になります。この気持ちをどうしたら……

昨年、結婚して、北海道から東京都へ引っ越してきて再就職したのですが、既婚者でお子さんもいる先輩を「かっこいいなぁ」と思っている自分に気づきました。夫が初めての彼氏なので免疫がないだけかもしれませんが、つい視界の端で先輩の姿を見てしまい、気にしないようにしなければと思っています。

また、私にとって夫はとても大切な存在で愛しているので、自分の気持ちをどうしたらいいのかわかりません。どうしたらいいでしょうか。(27歳、女性)

A.

あらかじめ牽制しておきますが、社会的にどう思われたっていいとか、相手を傷つけることも厭《いと》わないとか、なりふり構っていられないくらいその先輩への好意が大大大爆発を起こしてしまった結果、自分の家庭と先輩の家庭を壊してでも先輩と関係を持ってしまおうというのは、マジのマジのマジの欲望に飲まれてどうしようもなくなったときの最終手段にしましょう。とりあえず、落ち着いて！

三つの選択肢からどれを選ぶ？

本来であれば、世界で一番愛する人と結婚して、パートナーへの愛情が目減りすることなく未来永劫に続いて、お互いに健康なまま長生きして生涯を共に、というのが理想ですよね。結婚しようとする人たちの多くはそのつもりで生活をスタートさせるのでしょうし、ハナから不倫や離婚を想定している人はあまりいないでしょう。

しかし、結婚はゴールではなくスタートだと常々言われているように、人生は何が起こるかわかりませんし、人の気持ちはなかなか安定し続けられるものではありません。だから、結婚してから別の人のことが気になってしまったというのは、特にめずらしいことではないと思います。

結婚してから気になる人ができた場合、どうしたらいいか。

あなたの選択肢は基本的に次の三つです。

・芽生えてしまった感情に蓋をして、ほとぼりが冷めるのを待つ。
・自分の気持ちに正直になって、旦那さんと離婚して恋に生きる。
・婚姻生活を維持して不倫をする。

相談文を読む限り、今の時点であなたは旦那さんと別れたいだとか、先輩とどうこうなりたいというわけではなく、これからも旦那さんといい関係のまま幸せに暮らしたい、それなのに今まではなかった別の感情が生まれた戸惑いからどうしたらいいかわからない、といったところでしょうか。なので今回は、旦那さんとの生活を壊さないために、ということを前提にお答えしますね。

芸能人と同じ扱いにしていこう

まず、恋愛経験を積むことで人を見る目が養われたり、過去の失敗への反省を活かして欠点を減らせたり、というのはあるとは思いますが、だからといって恋愛経験の少なさを欠点に落とし込むのは要注意。そうすると、理性がなくなったとき、決断を迫られたとき、自分の意志で行動しなくてはいけないときに、それを都合のいい言い訳にしてしまう恐れがあるからです。ですから、「旦那さんが初めての彼氏で免疫がないからかもしれない」と思うのはやめましょう。

そもそも、結婚していても誰かを「かっこいい！」「素敵！」と思うことは普通にあります。わたしだって、よその男性に「はぁ……かっこいい……好き……」となることはありますよ。

だって、TOKIOの長瀬智也さんとか、めちゃくちゃかっこよくないですか!? いやもうね、男前だしセクシーだし……昔一度だけ夏フェスで観たことがあるのですが、あまりのかっこよさに思わず拝んでしまいましたもん。もう少し距離が近ければ五体投地するところでした。他にも、横浜流星さんとか、吉沢亮さんとか、この国の宝じゃないですか!? テレビで見かけたら、腹の底からキャーキャー叫んでますよ。

「いやいや! 一般人と芸能人は違うじゃん!!」とお思いでしょうが、もういっそのこと一緒くたにしてしまいましょう。

配偶者によるプロデュースの賜物《たまもの》

芸能人って、本人の才能や、それを維持して発信し続ける努力があってこそ素敵に感じるのだと思いますが、いろいろな人の手が加わってプロデュースされてもいますよね。その先輩も一緒です。すでにその先輩は結婚されていると書かれていますが、既婚者の中でも素敵な人には、配偶者の手が加わっていることも多いのです。

最近は夫婦共働きも多くなってきていますし、家事は女性の仕事だという認識も薄れてきていますので、パリッとノリのきいたワイシャツを毎日着て出社しているのは奥さんがアイロンをかけてくれたからとか、体型を維持できているのは奥さんが三食バランスの取れた食事を作ってくれているから、とは言い切れません。

でも、男女を問わず、配偶者がいるから素敵なのかもしれないのは確かです。その素敵な服は一緒に選んだものかもしれないし、その雰囲気は価値観や趣味を共有する上で醸成されたものかもしれないし、きちんとした身だしなみは「鼻毛が出てるよ！」などと指摘をしてくれる人がいるから保てているのかもしれません。配偶者に影響されない人なんていないんです。要するに、奥さんによるプロデュースの賜物。

だから、その先輩への気持ちを、好きな芸能人に向けているかのように変換してみてはいかがでしょうか？　どんな相手に向けたものであれ、好意というのは自分の中に溜め込んだままだと妄想が膨らんで、ずっと燻《くすぶ》り続けて存在をアピールしてきます。気にしないようにすると、逆に気になってくる。人間って面倒なことにそういう厄介な性質があります。そうなってしまわないためにも、外に放出しましょう。

友達に「どうしよう……わたし先輩のことを好きになっちゃったかもしれない……」と秘密を告白するような言い方をしてしまうと、坂道を転がるように恋心が加速してしまいますから、アイドルを推している感じのテンションで「ねぇ！　先輩ってかっこよくない!?　マジイケメン！　目の保養〜！」と冗談ぽく言うのがおすすめです。

いつだって隣の芝生は青いもの

「結婚しているのに気になる人ができてしまった」という話を聞くたびに、わたしは「それ、隣の芝生は青く見えるってやつじゃなくて？」と思ってしまいます。

パートナーが、そりゃあもう浮気三昧とか、自分のことを蔑ろにして人間扱いしてくれないとか、お金をせびってくるとか、クソクソクソ野郎の場合は別です。そういうときは、「もうしょうがない！　目が覚めてよかったよ！　そんなクソ野郎なんてさっさと別れちまって次に行きな！」と背中を押します。しかし、そうではないときは〝ないものねだり〟の可能性が高いんじゃないのかなぁ、と思うわけです。

わたしは夫のことを世界で一番いい男だと思っていて、夫との今の生活にまったく不満はなく、十分すぎるほどに幸せを感じています。

しかし、わたしの夫は料理が苦手でほとんどできないので、料理上手な男性が奥さんのために家でいつもごはんを作っているという話を聞くと「羨ましい〜！　奥さんも喜ぶだろうね！」となります。また逆に、仕事がものすごく忙しくて残業と出張ばかりでほとんど家にいない旦那さんを持つ女性には「旦那さんが定時で帰ってきて、休みもしっかり取れて羨ましいよ〜」と言われます。そういうものなんですよ。

大切なものを見誤らないで

完璧な人間なんて存在しないので、「ないものねだりをするな！」とは言いません。他人の長所に憧れを抱くのは普通ですから。でも、自分のパートナーにない部分を持っている男性を素敵だと思うたび、いちいち感情を動かされていたら身も心ももちません。自分の感情って、なんだかんだ誤魔化しがきくんです。思い込みでも、塗りつぶしでも、どうにでもやれます。自分の感情を偽るなんて……と思うかもしれませんが、恋愛をしているときは少なからず理性が失われます。普段よりも理性がなくなるからこそ、なりふり構わず感情をぶつけられたり、恥ずかしさなんてクソ食らえで告白できたりして、その結果、幸せを得られる可能性が高い。

ですが、結婚している立場だと、メリットはほとんどないのです。理性を失ってしまうことのリスクは高く、本来大切にすべき存在を見誤ってしまいかねません。そんな不安を招くかもしれない一時的な感情は偽ってしまったほうが、自分ひいてはパートナーのためにもいいのではないでしょうか。

一時的に滾《たぎ》ってしまった感情に支配されて生きていくのか、旦那さんと穏やかでかけがえのない日々を送るのか。大切にしたいものを明確にした上で行動してくださいね。

Q.3 彼のことが大好きで嫉妬深く、不倫を心配してしまうところを直したい

私は5年付き合った一回り年上の彼と結婚します。彼のことが大好きで、遠距離の時期があっても時間が経っても冷めることがなかったので、ケンカはしても楽しい生活になると思うのですが、心配なことがあります。それは不倫です。

どちらも嫉妬深いほうで価値観は似ているので気をつけていますが、彼の職場は女性の割合が多く、社員旅行や2人での食事などもあって心配は尽きません。

私は、思春期に父が不倫しようとしていたことを知ってから、不倫に激しい嫌悪感があります。母は立ち直っているし関係は良好なのですが、私は気がおかしくなるほどに苦しんでいた母の姿が忘れられません。自分の身に降りかかったらと思うと、私は耐えられるのかと怖くなります。彼は「浮気はしないし、起きてもいないことを考えるな」と言います。その考えないことが難しく、嫉妬深いところも直したいです。考え方を変えることだと思うのですが、なかなか上手くいきません。ものすごい愛さんは何か工夫をされていますか？（26歳、女性）

A. 彼の言う「起きてもいないことを考えるな」というのは、ほんとうにその通りだと思います。

わたしはあまり物事を深く考えない性格、かつ自他共に認める生粋のポジティブでして、「起きてもいないことは考えない！　知らないということは世界で起きてないのと一緒！　自分の目で見たことだけを信じよ！」というタイプなんですよね。

ご両親と自分を切り離して考えよう

だからつい、彼の主張に頷いてしまいそうにもなるのですが、あなたの言い分、そしてなんとかしたいという気持ちもよくわかります。自分の中に生まれたネガティブな感情を騙し騙しでやり過ごしながら結婚生活を送るのは、きっととてもしんどいはず。

不倫に対して激しい嫌悪感を抱いているのは、ご自身でも仰っている通り、過去にご両親の間で起こった出来事が原因なのでしょう。恋愛における価値観が構築されやすい多感な思春期に、ごく当たり前に仲がいいと思っていた、そしてそうであってほしいと願っていたご両親のドロドロした部分が見えてしまったことは、あなたの心に深く残り、ずっとつらかったでしょうし、トラウマものですよね。

そして、自分も夫婦という関係性を築いていく当事者になったことで、お母さんを悲しませたお父さんを許せない気持ちが大きくなったり、その頃のお母さんの姿を自分に重ね合わせたりしてしまっているのかもしれませんね。

ただ、わたしが結婚して気づいたのは、夫婦には夫婦の世界があり、夫婦だけにしか見えない絆や通じ合えない価値観が存在するということ。夫婦には、他人から見たらもちろん、実の親や子供から見てもわからないことってたくさんあるのです。

あなたなりに思うこともあるでしょうから、無理に受け入れる必要はありません。でも、ご両親にはご両親にしかわからない事情があったのでしょうし、ご両親とあなたたち夫婦はまったく別の存在なわけですから、切り離して考える必要があると思います。

どこからが不倫や浮気なのか

わたしは恋愛相談を受けるときに、セックスなどの性的接触を除くと、「浮気や不倫は、どこからそう見做《みな》されるのか？」ということを、いつも考えます。

「二人きりで食事をしたら浮気！　不倫！」という考え方の人もいるでしょうが、邪《よこしま》な感情を抱いた状態で人目を避けるようにオシャレなフレンチレストランでのディナーという状況と、仕事の打ち合わせを兼ねてのランチという状況とでは違いますし、一概に「二人きりで食事」という大枠だけでは判断しかねますよね。

たとえば「手を繋ぐ」という行動もそうで、指を絡ませるような繋ぎ方でパーソナルスペースがゼロのべったりという状況と、転んでしまって足を痛めたときに手を引いてあげている状況とでは全然違いますが、その手を引いてあげている理由が酔っ払って足元が覚束ないからだと、また感じ方も違ってくる。

こういったことを一つひとつ、誰とどこでどんな状況で何をして、そのときの感情はどういったものだったのかまで深掘りしなくては、浮気や不倫の判断をすることは難しいと思うのですが、それらをいちいち詮索するのってものすごい労力と時間を要しますし、お互いに気持ちのいいものではないですよね。

勝手にネガティブな感情を抑えきれなくなって、彼のことをチクチク疑ってばかりいると、彼は「きっと不安なんだな」という心配する気持ちよりも「なんでこんなに疑われなきゃいけないんだ」という息苦しさが勝ってしまい、次第にあなたとの生活で居心地の悪さを感じるようになってしまうでしょう。

価値観も似ているとのことですし、「相手にされて嫌だと感じることは、自分もしない」と大まかなルールだけを決めて、あとは彼に任せてもいいのではないでしょうか。

夫への自分の愛情を信用している

ところで、わたしは不倫の心配をなくすため、嫉妬しないために、特に工夫はしていません。もともと嫉妬深いタイプでもなく、夫がわたしのいないところでどんな行動を取っているか、心の底からどうでもよくて、興味すら湧かないのです。こう言い切ってしまうと身も蓋もないのですが、わたしは自分がいい女だという自信があるんですよね。

これは、自分のことを〝誰もが振り返るような絶世の美女〟とか〝スタイルが抜群〟とか〝多くの人を魅了するカリスマ性がある〟とか〝何かしらの才能にあふれている〟とか思っているわけでは決してなく、〝夫にとってのいい女〟という意味です。

もちろん、夫のことは信用しています。別に浮気や不倫を容認していて、「よーし！外でガンガン遊んでこい！」と後押ししているわけではありません。が、夫がわたしのことを世界で一番愛しているというのは重々わかっていますから、たとえ夫が風俗に行こうが、他の女の人と遊ぼうが、夫がわたし以上にその人を好きになるということはあり得なくて、必ずわたしのところに戻ってくるに決まっている、という確信がある。

それ以上に、わたしほど夫を心から愛してやまない人間はこの世に存在しないだろうと、夫に対する自分の愛情を信用しているのです。夫に対して「あなたは誰と生きるのが一番幸せかわかるでしょう？　わたしほどあなたを心から愛し続ける人間はいないよ。じゃあ、その生活を壊すような行動をするわけないよね？」というスタンス。

今のところ、夫が不倫をしていると思ったことは一度もありません。今後、もしも夫が他の女性とセックスをするようなことがあれば、もちろんいい気分はしませんが、わたしはきっと夫とは離婚しないだろうな、と現時点では思っています。

「どうせ一時の気の迷いでしょ、だってあなたが世界で一番愛しているのはわたしだもんね」。ここがわたしの判断の核となる部分です。

わたしにとって何よりも大切なのは、夫との幸せな生活。不倫のラインなど細かいディテールを逐一気にして常に嫉妬からくる追及を重ね、家庭内の空気が悪くなるくらいだったら、何も気にせず楽しく暮らしたい、そう思いながら結婚生活を送っています。

もう少し自信を持ってもいいはず

以上はあくまでも、わたしの考え方で、あなたにとっては他人の意見に過ぎませんから、そっくりそのまま真似しろとは言いません。あなたも言うように、今までの考え方をガラッと変えるのはとても難しいことですからね。

でも、あなたはもう少し自分に自信を持ってもいいのかなぁと思います。嫉妬することが多いのも、ネガティブになってしまうのも、起きてもいないことを気にしてしまうのも、元をたどれば自信のなさが原因なのではないでしょうか。

彼のことを大切に思うのは、とても素晴らしいことです。しかし、自分の世界には彼しかいない、彼こそが自分の人生の全てだと思ってしまうのは、少々危険です。彼という存在にエネルギーの全てを注いでしまった場合、そこがちょっとでも上手くいかなくなると、全てが否定されたように感じて、自信が失われてしまいます。

だから、あなたの持っているエネルギーを他にも向けてほしいと思います。なんでもいいんですよ、友達でも、趣味でも、仕事でも。彼のことを蔑ろにする、彼の優先順位を下げるという意味ではなく、彼のことを今まで通り大切にするという前提で、思考を分散させましょう。あなたに好きなものが増え、様々な経験を積み、世界の広さを知れば知るほど、人としての魅力が増して、自信がついていくはずです。

そして何より、交際してきた5年の間に様々な困難を乗り越えてきたということ、さらには「こんなにもサイコーな彼が選んでくれたのは、何を隠そう自分なんだから！」「世界で何十億人といる女性の中で、彼にとって自分が一番！」という事実に基づいたポジティブを、今後の自信に繋げてください。

Q.4 W不倫から抜け出したいのにできない。どうしたら元の状態に戻れるの？

３歳の子供がいるワーママです。同じ会社の元上司（既婚、子持ち、45歳）とW不倫をしています。今の悩みは、不倫から抜け出せないことです。

不倫を始めるまで、子育てと仕事で忙しくも充実した日々を送っていました。旦那さんは男というより家族になったけど、そんなに不満はありませんでした。でも、不倫によって年上の素敵な男性にかわいがられて女の子扱いされる気持ちのよさを思い出してしまったと感じています。不倫相手からの連絡に一喜一憂し、子供への対応が疎かになっているときがあり、不倫前に戻りたいです。でも、別れることはできず、今の相手と別れても別の相手を探してしまう気がします。

私は幼少期に親から十分な愛情を受け取れず、恋愛に苦労しましたが、結婚して子供も生まれ、心の奥の寂しさは軽減したと感じています。それでもまだ寂しいのかもしれません。でも、この寂しさを不倫以外で埋めないといけないんだと思います。独身の頃のように恋愛に依存しているのがつらいです。（32歳、女性）

A.

ダブル不倫ですか……ウーン……。あなたは、今、自分がしていることは決して褒められることではないと自覚されているようですから、わたしが不倫の是非について言及することはやめておきましょう。

自分の努力を水の泡にしないために

幼少期に親からの愛情を十分に受けられなかったことは、とてもつらかっただろうと思います。その原因があなたにあったわけでも、あなたが親に何かしたわけでもないのですから、なおさらのこと。本来であれば、見返りを求められることもないたっぷりの愛情によって、意識しなくても勝手に埋められたであろう心の隙間が、大人になった今でもあなたに存在をアピールしてきているのかもしれませんね。

その心の隙間を自分の手で懸命に埋めようと、恋愛をして、結婚して、子供を持ったことは、あなたの強さです。得られなかったものを得たいと、それを得るために努力した姿勢を、わたしはとても尊敬します。

ですが、不倫をしている今のあなたは、その過去の自分の努力を、わざわざ自分の手で水の泡にしようとしています。不倫がバレてしまったら、せっかく手に入れた大切な家庭をあっという間に失ってしまうかもしれないんですよ。

さらに、あなたの子供もあなたと同じように、親からの愛情を十分に受けられていないと感じる可能性だって孕《はら》んでいるのです。自分がとてもつらかったはずなのに、自分の愛する子供を同じような目に遭わせようとしていることを忘れてはいけません。

子供の頃に受けた心の傷や埋められなかった心の隙間というのは、大人になっても大きな影響力を持ち、いつまでも自分を苦しめてくることがあります。きっと、それはあなた自身にしかわからない苦しみで、そう簡単に治るものではないのかもしれません。

でも、その心の傷や心の隙間をなんとかしようと戦ってきた過去の自分を裏切るような行為だけは、どうかしないでほしいと思います。

与えることで心の隙間を埋める

相談文に「年上の素敵な男性にかわいがられて女の子扱いされる気持ちのよさを思い出してしまった」と書かれていることから、あなたは自分の力だけでは埋めきれなかった心の隙間を、不倫相手に代わりに埋めてもらおうとしているように思います。

たしかに若くてかわいいとチヤホヤされるのはとても気持ちがいいですし、人生にはそれを欲するがままにただ受け取っていて許される時期もあります。でも、一方的に受け取っていればいいだけの時間は、永遠に続くわけではありません。

たとえば、新入社員のときは言われたことをやるだけで精いっぱいでも、経験を積んでいけば、いずれ教育係を任されることもありますよね。年長者が、年少者に多くのものを与え、育て、見守る。その繰り返しです。そういう風に、年齢を重ねるにつれて、少しずつ役回りをバトンタッチしていくものなのです。

あなたは今、親という立場ですから、自分の子供に対して愛情や教育などを与える側にいます。自分の決断でかかわった〝新たな命〟に、与えること・育てることにもっとエネルギーを注いでみてはいかがでしょう。そうやって、あなたが子供の頃に欲しいと望んでいた愛情を、自分の子供に惜しみなく与えることは、かつてのあなたを救う行為にも繋がるはずです。

今のクレクレ精神から脱して与える側の喜びを見出してこそ、ぽっかり空いたままあなたの視界にチラついている心の隙間が、また少しずつ埋まっていくのだと思います。

それでも愛情が欲しいと渇望してやまないようでしたら、あなたには旦那さんがいることを思い出してください。パートナーは対等な立場であり、損得勘定を抜きにして、愛情を求め合い、与え合い、享受し合える、かけがえのない存在なのですから。

自分で自分をご機嫌にしよう

あなたは今、〝自分自身がご機嫌でいられる〟ための方法も、家庭外——つまり不倫相手に丸投げしてしまっている状況ではありませんか？

わたしには子供がいないので、子供のいる生活や子供を持ってからの心の変化はわかりません。人それぞれに異なる事情があって、きっとわたしの想像なんて及びきらないほど大変だろうと思います。子供がいれば自分ばかりに時間もお金もかけられないでしょうし、子供がいることで夫婦関係にも変化があるかもしれない。

まだ、子育てや家事の負担は女性側に偏りがちだろうとも思います。「お母さんらしくしなくちゃ」というプレッシャーも、もしかしたら感じているかもしれませんね。

その結果、自覚はなくても疲れてしまっているときも恐らくあるでしょう。

子供のいないわたしが言うと理想論に聞こえるかもしれませんが、親になったからといって、自分の全てを子供に捧げる必要はないですし、親であっても個人の人格を尊重されてほしいと思います。人それぞれの家庭の仕組みやルール、経済状況や環境といった、実情に合う生活をするべきだからです。

現時点では一般的にマイノリティーであったとしても、旦那さんに子供を任せて自分ひとりの時間を作って映画を観に行こうが、奥さんがフルタイムで働いて旦那さんが育休を取るというかたちを選ぼうが、家族が納得していればそれでいい。

お母さんになったからといって、ひとりの女性としての楽しみや、かわいい自分でありたいという気持ちを蔑ろにする必要はないと思います。ミニスカートを履いたって、マツエクやカラコンやネイルをしたっていい。自分がそうありたいという姿でいることは、毎日を機嫌よく過ごせることに繋がりますし、子供だってお母さんの機嫌がいいほうがうれしいはず。どちらにとっても絶対にハッピーですよね。

どんなに些細なことでも、自分で自分の機嫌を取る方法を知り、それを重ねていくことは、自分ひいては近くにいる人の心を満たすことに繋がります。

ぜひ、恋愛以外で自分がご機嫌でいられるツールを探してみてほしいと思います。きっと、あなたにも何かあるはずですよ。

引き返すなら早いほうがいい

今のあなたは、心の奥底にあった寂しさを不倫によって紛らわしている状態ですが、簡単に得られる快楽や悦びは必ずリスクを伴います。

不倫をしている事実があなたの旦那さんや不倫相手の奥さんにバレる、旦那さんと不倫相手の奥さんの両方から慰謝料を請求される、旦那さんと離婚して親権を手放すことになる、社内不倫が会社にバレてクビになる、職を失った状況で慰謝料と養育費のために今以上にお金が必要になる、裁判ともなれば記録が残って再婚のときに支障が出る、子供が大きくなったときに不倫の事実を誰かから伝えられて信用を失うなど、最悪中の最悪な状況がこんなにも簡単に挙げられます。

ほんの一瞬だけ得られる満足感は、最悪中の最悪な未来を想像して怯えながら暮らすのを厭わないほどの、価値のあるものなのでしょうか？

「不倫をする前に戻りたい」と仰っていますが、一度不倫を経験してしまったら、不倫する前には決して戻れません。経験は、なかったことにできないのです。

現在、常に感じている罪悪感、今後も襲ってくるであろう後悔は、一生あなたに付きまとい、不倫を長く続けていけばいくほど重くなってくるでしょう。それらを背負っていけるほど、あなたの心は鈍感で頑丈なのでしょうか。今の道を引き返し、元いた場所に戻るなら、できるだけ早いほうが距離も時間も心の重さも、少しで済むんですよ。

あなたの心の隙間を埋めてくれるのは不倫ではなく、あなたが心血を注いで大切にしてきた家族のはずです。あなたにとって何が一番大切なのか、よく考えてみてください。

Q.5 結婚前の浮気を許したはずだったのに、日に日に憎む気持ちが出てきました

彼の浮気について相談させてください。私と彼は去年7月に同棲を始め、11月に入籍しました。1年半の付き合いを経ての結婚です。浮気が発覚したのは、同棲を始めて1週間が経った頃。彼のiPadを借り、昔の私との履歴を見ようとLINEを開いたところ、女性のアイコンだらけで、未遂のものもありましたが、実際に会って行為をしているものもあり、問い詰めたら浮気を認めました。結局は土下座され、同棲前には浮気をやめていたので一度は許すことにしました。

以降、彼は変わって私第一になりましたが、私は日に日に彼を憎む気持ちが出てきました。大好きだから浮気を許したのに、だからこそ憎くてたまりません。「入籍しておいて何を言ってるんだ」と思われるかもしれませんが、周囲の「幸せになってね」の言葉に「浮気さえなければ喜べたのに」と悲しくなります。彼は、私が荒れるたびに参っています。浮気を心から許すつもりはありませんが、彼とやっていきたいのです。どう気持ちを切り替えたらいいですか？（24歳、女性）

A.

相談文を読んで、あなたが長い時間をかけて心に渦巻いている苦しみや憎しみと戦ってきたんだろうな、ということがひしひしと伝わってきました。

基本的に、結婚の瞬間というのは誰しもウルトラハッピーで、人生の最高の瞬間だと表現されることが多いですよね。いくら「結婚はゴールではなくスタート」と言われていて、将来に対する不安がまったくないわけではなくても、「これから大好きな彼と幸せな結婚生活を送るぞ」と意気込んでいるときに、水を差されたどころかキンキンに冷えた大量の氷水をぶっかけられたようなものですから、悲しい気持ちになって当然です。

遅効性の怒りは消化しづらい

わたしはあなたに対して「すでに入籍したくせに今さら何を言ってるんだ」「自分で許すって決めたのに、結局は許せていないなんて話が違う」とはまったく思いません。だから、さらに自分を苦しめるようなこと、言わないでくださいね。

今回の場合は怒りに限定しますが、感情には即効性のものと遅効性のものがあると、わたしは考えています。恐らく、あなたの中の感情は遅効性のものだったのでしょう。

即効性の怒りだったら、何かひどいことをされたり、尊厳を傷つけられたりした瞬間にぶち撒けて、相手の謝罪や誠意ある行動によって少しずつ鎮火していくことが多いのですが、遅効性の場合は少々厄介なのです。

「あのとき、もっと怒りをあらわにしていたら」「あのとき、違った対応をしていれば」といった後悔がついてくるだけでなく、「今さら蒸し返したところでどうすることもできないし」「過去をいつまでも掘り返す自分は陰湿なのかも」といった気持ちも生まれ、怒り自体が正当で純粋なものではないような気がしてきて、消化しにくいんですよね。

道を歩いているときに知らない人に思い切りぶつかられて、怒りよりも恐怖や驚きが上回ってしまって、あとから「あの人、なんだったんだ!?」と腹が立ったけれど、だからといってそれを張本人に言えずモヤモヤしてしまった、なんて経験はありませんか?

それと一緒で、思いもよらぬことや自分の常識になかったことに遭遇すると、感情がついていかず、怒りが湧いてくるのに時間がかかってしまうものです。

ましてや、あなたの場合は心から信頼していた彼に裏切られたという事実に衝撃を受けたのに加え、好きな人だからこそ「許したい」「まさか、信じられない」という気持ちがあったのでしょうから、無意識に怒りを打ち消してしまった可能性も考えられます。

だから、かつて収めた怒りが今になって現れてしまったことに関して、自分を責めなくていいんですよ。

罪と人は分けて考えてもいい

相談文の中に、「大好きだからこそ許した」「心から許すつもりはない」と相反する言葉が並べられているように、あなたの中に葛藤があるのでしょう。

どんなに「もうしない」「一時の気の迷いだ」「心から好きなのは君だけ」と誠心誠意謝られたところで、裏切られた側からしてみたら「もうしないって、過去にしたことがあるじゃない」「わたしのことが好きなら最初からしないでよ」「ほとぼりが冷めたらまた同じことをするつもりじゃないの？」「なぜ傷つけられたわたしが、あなたのために許す努力をしなくちゃいけないの？」と思っても仕方がありません。

そして、相手を許してしまうことで、ずっと彼のことを信じていた頃の自分や、ひどく傷ついていた過去の自分を、全部消してなかったことにしてしまうような気がして、悲しい気持ちにもなります。

〝許す〟という行為は、そりゃあもうものすごーく難しいことなんです。だから、許す対象を「罪」と「人」で分けて考えてみてください。あくまでもわたしの考えですが、罪自体は許さなくていいと思います。「浮気は別に大したことじゃない」とわざわざ価値観を変える必要はありませんし、そのままで大丈夫。

ただ、「浮気という罪自体を憎み続けることにして、彼のことは許してあげなよ！」と言いたいわけではないので、早とちりしないでくださいね。わたしがあなたに伝えたいのは、「罪と人は分けて考えてもいい」「人を憎むかどうか、許すかどうかはあなたが決めていい」「そしてそのタイミングもあなたが決めていい」ということです。

日にち薬が効いてくるかもしれない

もしかしたら、浮気という罪自体は憎んだままでも、彼のことは許せる日がくるかもしれません。彼が浮気をしてあなたのことを傷つけた、という揺るぎない事実はあります。しかし、それ以外にも大好きなところがたくさんあって、彼の全てを否定して大嫌いになれるかというと、きっとそうではないはず。だからこそ、葛藤があるのでしょうが、〝日にち薬〟というものが存在するということは、知っておいてください。

もしかしたら、今あなたの中にある怒りが、少しずつ小さくなっていくかもしれない。もしかしたら、彼の今後の行動から、今よりも信じられるようになるかもしれない。もしかしたら、あなたが悲しみを思い出す回数は少なくなっていくかもしれない。

全部、時間が経ってみないとわからないですよね。

さらに今回の件以外にも、長い結婚生活の中では、仕事や子供のこと、親族絡みなど、お互いに負担をかけてしまうことや相手を傷つけてしまうことなど、他の許せる／許せないという葛藤を生む出来事も起こるかもしれません。

彼の浮気に関して「お互い様でしょ」と言うつもりは毛頭ありませんが、何十年と一緒に生きていく中で様々なことが起こり、そのたびに感情が動く可能性があるという視点で考えたら、最初から「彼のことは絶対に許さない」と決めつけるのではなく、許すかどうかは長い目で見て、あとで決めてもいいのではないでしょうか。

許した〝フリ〟をするのもあり

「彼とやっていきたい」「気持ちを切り替えたい」というのが、あなたの希望ですよね。だから、わたしはそちらの方向でお答えします。あなたにとっては簡単ではなく、腹が立つ部分もあるかもしれませんが、選択肢のひとつとして聞いてください。

許さないでい続けること、憎み続けるということは、大きなエネルギーを費やさねばならず、ときとして他の感情をも侵食し、体力を削ぎ落とすとても疲れる行為です。そして許すという行為に固執することも、一層あなたを苦しめることになります。

わたしがあなたの立場だったら、という前提でお話しさせていただきますが、わたしだったら、彼に対しても自分に対しても、許した〝フリ〟をします。たしかに、彼のことはむかつきます。自分のことも、なんて気の毒なんだろうと思います。でも、彼への憎しみ、一度生まれた猜疑心、自分の中の葛藤、すぐに結論が出なさそうなこれらのことに向き合い続けるのって、ほんとうにしんどいじゃないですか。

しんどいの、嫌じゃないですか？

わたし、すっごく嫌なんです。

もともとだらしがない怠け者だし、面倒なことはできる限り避けたいし、疲れるのも大っ嫌い。誰かのせいで楽しい時間を過ごせないのなんて悔しくて悔しくて仕方がない。くっそー！　むかつくぜ！　何、浮気なんてしくさってんだコンチキショウ！　でも、そのせいでこのわたしが機嫌よく過ごせないほうがずっとずっとむかつくんだよな！乗り越えてやんよ、バーカ!!　って感じ。

事実をなかったことにするわけでも、彼の言動を心から信用するわけでもありませんよ。一旦は許したフリ、忘れたフリ、信じようとするフリをして、しばらくの間は彼の言動や様子を俯瞰《ふかん》します。そうするうちに、浮気されたという事実と自分がどう向き合っていきたいのかが、だんだんと見えてくると思います。

憎しみが浄化されていきますように

彼に懇々と自分が感じた悲しみや苦しみを話して謝ってもらうことも、友達に吐き出して慰めてもらうこともときには必要ですが、負の感情を反芻《はんすう》して、結果的に増幅させてしまう行為は、あなたの「気持ちを切り替えたい」という望みに果たして適しているのか、と疑問に思うのです。

全てに対してずっと真正面から向き合い続けるのではなく、勝手にかたちや重さが変わってくれるまで、見て見ぬふりをしたり、気にしない素振りをあえてしてみたり、一旦頭の中からほっぽり出してみたりする、ということは、決して逃げではなく、処世術のひとつとして覚えておいてもいいのではないでしょうか。

一度失った信頼を取り戻すには、膨大な時間がかかります。彼のことを擁護する気はさらさらありませんが、彼があなたにくれるやさしさは、あなたに対する懺悔や後ろ暗い気持ちがあるからではなく、あなたのことを心から好きだから、あなたが苦しみ続けているのが悲しいから、だと思います。

少しずつでいいから、今見えている彼のやさしさを受け入れて、あなたの中の憎しみが浄化されることを心から願っております。

おわりに

この本は、「恋愛以前」「片思いと失恋」「道ならぬ恋」「恋人との関係」「結婚したい」「結婚してから」と、恋愛の地点ごとに分けた6章の構成になっています。それぞれに収録されている悩みの種類・かたちは様々で、相談を寄せてくださった人たちの性格・思考・背景・どこに着地したいか、も全て異なります。

相談によっては、「今まさに同じようなことで悩んでいる」「過去に似た経験をしたけれど、どうしたらいいかわからないままだった」と共感したり、「ほんとうにこんなことってあるんだ!?」「自分がしてきた恋愛とは全然違うな……」と自分とは別の世界の話のようだと捉えたり、「こんなことで悩んでるの!?」「バカじゃないの!」と憤りを感じたりと、様々な感情を持たれたのではないでしょうか。もちろん、それは読んでくださった人たちの置かれている環境や性格、思考、どうなりたいかによっても変わってきます。そういった感情はごく当たり前のことで、それでいいのだと思います。

『命に過ぎたる愛なし』の書籍化にあたって、担当編集の大西さんに「宝物、またはお守りのように、手元に置いてもらえる本にしたい」と言われたことが、ずっとわたしの心に留まっています。

恋愛をすると、思いもよらないことがたくさん起こります。環境、年齢、そのときにかかわる人たちによって、悩みにもきっと変化があるでしょう。もしかしたら、最初に読んだときはまったく共感できなかった相談と同じ状況になってしまったり、今までなんなくできていたはずのことが突然にできなくなってしまったり、自分がどうしたいのかが急に何もわからなくなってしまったり、なんてことがあるかもしれません。そうなったとき、この本の存在を思い出して、ページを開き、自分で自分をハッピーにするための方法を探してもらえたら……。そんな願いを込めて、この本を書きました。

最後に、恋愛メディア『AM』の担当編集の大川枝里子さん、ブックデザインを担当してくださった佐藤亜沙美さん、イラストと題字を描いてくださったイラストレーターのsaori・tanakaさん、書籍の担当編集の大西真生さん、わたしの言葉をより多くの人たちに届けるために尽力してくださった関係者のみなさん、ありがとうございました。

何より、この本を読んでくださったみなさまに、心からの感謝とものすごい愛を。

令和元年11月吉日　　ものすごい愛

ものすごい愛

1990年生まれ。北海道在住。心身ともにド健康で、毎日楽しく暮らしているエッセイスト。大きいお風呂と器の底までアイスがみちみちに詰まったパフェが好き。最近のマイブームは白ワインに大きい氷をいれて薄いグラスで飲むこと。恋愛メディアAMにて「命に過ぎたる愛なし」、大和書房WEBにて「今日もふたり、スキップで」、マイナビにて「大学1年生の転び方」を連載中。その他、『yomyom vol.56』(新潮社)、DRESSにエッセイを寄稿。著書に『ものすごい愛のものすごい愛し方、ものすごい愛され方』(KADOKAWA)がある。

命に過ぎたる愛なし
~女の子のための恋愛相談

発行日　2019年12月24日　第1刷発行

著　　者　ものすごい愛
発 行 者　清田名人
発 行 所　株式会社内外出版社
〒110-8578
東京都台東区東上野2-1-11
電話　03-5830-0368(企画販売局)
　　　03-5830-0237(編集部)
https://www.naigai-p.co.jp

ブックデザイン　佐藤亜沙美(サトウサンカイ)
イラスト・題字　saori・tanaka
D T P　小田直司(ナナグラフィックス)
校　　正　内藤久美子
編集協力　大川枝里子(AM編集部)
編　　集　大西真生
印刷・製本　中央精版印刷株式会社

本書は、恋愛メディアAMに連載された同タイトルの連載に加筆し、書きおろしを加えたものです。

ISBN 978-4-86257-491-6